阳光快乐体育

奔放足球
benfang zuqiu

本书编写组 ◎ 编

YANGGUANG KUAILE TIYU

世界图书出版公司
广州·北京·上海·西安

图书在版编目（CIP）数据

奔放足球/《奔放足球》编写组编.—广州：广东世界图书出版公司，2010.4（2024.2重印）
ISBN 978-7-5100-1998-2

Ⅰ.①奔… Ⅱ.①奔… Ⅲ.①足球运动-青少年读物 Ⅳ.①G843-49

中国版本图书馆 CIP 数据核字（2010）第 050018 号

书　　名	奔放足球 BENFANG ZUQIU
编　　者	《奔放足球》编写组
责任编辑	韩海霞
装帧设计	三棵树设计工作组
出版发行	世界图书出版有限公司　世界图书出版广东有限公司
地　　址	广州市海珠区新港西路大江冲 25 号
邮　　编	510300
电　　话	020-84452179
网　　址	http://www.gdst.com.cn
邮　　箱	wpc_gdst@163.com
经　　销	新华书店
印　　刷	唐山富达印务有限公司
开　　本	787mm×1092mm　1/16
印　　张	10
字　　数	120 千字
版　　次	2010 年 4 月第 1 版　2024 年 2 月第 10 次印刷
国际书号	ISBN 978-7-5100-1998-2
定　　价	48.00 元

版权所有　翻印必究

（如有印装错误，请与出版社联系）

前　言

当今时代，人人都明白"科技是第一生产力""知识就是财富"，但是，千万不能因此就忽略了对青少年健康体质的培养。青少年时期是身心健康和各项身体素质发展的关键时期。青少年的体质健康水平不仅关系个人健康成长和幸福生活，而且关系整个民族健康素质，关系我国人才培养的质量。为此，《中共中央 国务院关于加强青少年体育增强青少年体质的意见》强调"增强青少年体质、促进青少年健康成长，是关系国家和民族未来的大事。""广大青少年身心健康、体魄强健、意志坚强、充满活力，是一个民族旺盛生命力的体现，是社会文明进步的标志，是国家综合实力的重要方面。"

但是，由于片面追求升学率的影响，社会和学校存在重智育、轻体育的倾向，学生课业负担过重，休息和锻炼时间严重不足，此外，许多学校体育设施和条件不足，学校体育课和体育活动难以保证，导致青少年身体素质下降。近些年，体质健康监测表明，青少年耐力、力量、速度等体能指标持续下降，视力不良率居高不下，城市超重和肥胖青少年的比例明显增加，部分农村青少年营养状况亟待改善。解决未来一代学生体质健康不断下降的问题已成为当务之急。

2006 年 12 月 23 日，教育部、国家体育总局、共青团中央联合下发的《关于开展全国亿万学生阳光体育运动的决定》，进一步深化了"健康第一"、"每天锻炼一小时，健康工作五十年，幸福生活一辈子"的健康生活理念，这是我国为改变学生体质健康状况持续下降的不利局面，推动广大学生积极快乐参加体育活动而发出的伟大号召，意义重大而深远。

阳光体育运动的要求是让中学生走向操场，走进大自然，走到阳光下。阳光体育运动也是快乐的。每个参加者积极主动热情地走进丰富多彩的体育运动，在锻炼身体强健体魄的同时，使内心充满活力，充满阳光，向往阳光，享受运动带来的快乐。阳光快乐体育的目标任务是：通过持之以恒地参与阳光快乐体育运动，让青少年养成健康的生活方式，建立奋发向上、不断进取的人生态度，使他们拥有健康的体魄、坚韧不拔的意志品质、良好的心理素

阳光快乐体育

质和健全的人格，从而成长为有中国特色的社会主义事业的合格建设者和接班人，为未来拥有成功的人生打下坚实的基础。

为此，我们编写了这套丛书，真切希望能为广大青少年全面认识和了解丰富多彩的体育运动、选择出适合自己的运动项目提供一个平台，为他们更好地掌握科学的锻炼方法、获得运动健康知识提供一个窗口，从而为形成"人人参与、个个争先"的生机勃勃的校园体育锻炼氛围，为阳光快乐体育运动的顺利开展和有效实施作出微薄的贡献！适合青少年学生的体育运动项目繁多，各有特色，本系列丛书所涵盖的运动项目主要分为两大类：奥运项目和青春时尚系列运动项目。其中奥运项目包括：篮球、足球、排球、乒乓球、羽毛球、网球、游泳、跳水、花样游泳、赛艇、皮划艇、帆船、水球、田径、体操、艺术体操、重竞技运动、跆拳道、手球、棒球、垒球等；青春时尚系列运动项目主要包括：健美操、户外运动、武术套路运动、散打运动等。丰富多样的运动项目体现了本丛书的全面性、系统性的特点，方便广大青少年能够全面认识和了解丰富多彩的体育运动，根据自己的兴趣爱好、身体素质及学习和生活状况来选择适合自己的运动项目。

本丛书另一个特点是以图文结合的形式介绍每种运动项目，以图释文，图文并茂，让各种动作技术变得易懂易学。这能让青少年更形象、更轻松地理解每一个技术动作，也能更好地培养青少年的空间思维能力，增加学习兴趣。此外，本丛书按教材的逻辑结构编写，每个运动项目介绍内容包括：运动项目的起源与发展→运动项目的基本技术技能→运动项目的快乐入门→运动项目的综合知识→运动项目的竞赛规则→运动损伤及处理措施。条理清晰，简单易懂，让读者在轻松快乐学习该运动项目技术动作的同时，也可了解到相关的一些理论知识。

我们衷心希望每个青少年都能将体育运动真正融入生活、学习和成长过程中去，都能在体育运动中体验快乐，体验快乐的生活方式。祝福每一位青少年都能健康快乐地成长！

本丛书在编写过程中，得到了很多朋友的帮助，也从很多同行的著述中得到了启发，在此，一并表示深深的感谢！

编　者

目录 Contents

第一章　足球运动概述 …………… 1
　第一节　足球运动的起源与发展
　　　　　简介 ………… 1
　第二节　足球运动的特点 … 14

第二章　足球运动的基本技战术
　　　　………………… 17
　第一节　足球基本技术介绍
　　　　　………………… 17
　第二节　足球基本战术介绍
　　　　　………………… 72

第三章　时尚足球的运动形式 … 79
　第一节　沙滩足球 ………… 79
　第二节　室内5人制足球 … 85
　第三节　街头足球 ………… 88

第四章　足球运动快乐速成途径
　　　　………………… 91
　第一节　基本技术的快乐练习
　　　　　………………… 91
　第二节　快乐进攻战术演练
　　　　　………………… 99
　第三节　对比赛的认识 …… 102
　第四节　足球专项身体素质速成
　　　　　途径 ………… 102

第五章　足球综合知识 ………… 106
　第一节　世界性足球重大赛事
　　　　　………………… 106
　第二节　优秀足球联赛简介
　　　　　………………… 112

第六章 足球竞赛规则与裁判
·················· 116

第一节 足球运动常识 …… 116

第二节 比赛规则 ………… 118

第三节 裁判员哨音及手势
·················· 125

附录 专业词汇中英文对照表
·················· 134

参考文献 ………………… 138

第一章　足球运动概述

　　足球运动，起源于中国。从最早的蹴鞠比赛到目前的世界杯足球赛，足球运动在每一个历史时期都有新的发展。现在已经成长为全世界最受欢迎，影响力最大的体育项目之一。因此，足球运动又被誉为"世界第一运动"。

　　足球运动的发展并不是一帆风顺。足球运动取得今天这样的成就，与那些为了推动足球运动的发展，做出大量努力的足球运动前辈的功劳是分不开的。本章主要介绍足球的历史起源和现在发展情况，并简单介绍足球运动的特点以及今后的发展趋势。

第一节　足球运动的起源与发展简介

一、足球运动起源

（一）中国古代足球起源

　　足球，是世界最富魅力的第一大体育运动。它的历史起源一直是人们关心的热点，经过不停的研究，不断的论证，人们终于形成一个比较一致的观点，古代足球起源于中国。1991年，时任国际奥委会主席的萨马兰奇在一次针对足球的讲话中说："足球起源于中国的蹴鞠"。2004年5月8日，国际足联主席布拉特在吉隆坡参加亚足联成立50周年庆典活动时，向中国足协颁发了"足球起源于中国"的象征性奖杯，标志着国际足联对足球起源的认可，古代齐国都城临淄被认定为足球运动的发源地（图

1-1，图1-2）。

游戏，又是一种练兵手段。

图1-1

图1-2

图1-3

图1-4

据历史资料记载，中国古代足球的出现比欧洲及美洲地区要早得多。古代足球的起源，最早可追溯到公元前400多年的战国时期。《战国策·齐策》记载，赵国丞相苏秦与齐宣王会面，为了说服齐国与赵联合抗秦，赞扬齐国"富庶殷实，其民无不吹竽、鼓瑟、弹琴、击筑、斗鸡、走狗、六博、蹹鞠者"。可见当时社会已经很流行"蹹鞠"，即"蹴鞠"，"蹹"或"蹴"都是指踢，"鞠"则是指球，表皮由熟皮缝合，里面填塞毛布（图1-3，图1-4）。在当时既是一种民间

汉唐两代是中国古代足球发展最兴盛的时期，据《汉书》记载，汉武帝在宫中经常举行斗鸡、蹴鞠比赛，有所谓"鸡鞠之会"（图1-5）。宠臣董贤家中还专门养了会踢球的"鞠客"，在山东曲阜、河南南阳和陕西

绥德的汉画像石中，都有蹴鞠的图像（图1-6）。

图1-5

图1-6

可见，在西汉时期，蹴鞠活动的社会面就很大了。当时的游戏形式是很多样的，据东汉人李尤《鞠城铭》记载，鞠城就是球场，球场四周围有矮墙，球门像一座小房子，两端各有6个球门。正面有看台，像一座小城。对阵双方各上12人，所用的足球由皮革裹毛发制成（图1-7）。以进球多少定胜负。当时不但男性参与足球运动，部分出土文物更证明，东汉延光二年（公元123年），已有女子蹴鞠，但是仅限于表演而非竞赛。

图1-7

到了唐朝（公元659—727年），蹴鞠运动发展到高峰阶段。唐代的足球还被传入日本，直到现在，日本宫廷庙宇庆祝时还有人穿唐服表演蹴球（图1-8）。器材和规则上也比以前先进，蹴鞠所用的球，用猪膀胱制成球胆，然后用皮革包裹，由人用嘴吹气，球的平衡感比较好。同时用两个球门或者一个球门代替原来的6个球门（图1-9），以进球多少为胜负判定途径，比赛相当激烈。

图1-8

图 1-9

图 1-11

至宋代（公元 960—1297 年），逐渐有球会组织出现，民间组织"齐云社"、"圆社"等就是球会。所用皮球由人用嘴吹气，发展到用气筒打气，愈来愈接近现代足球。在出土的"足球纹铜镜"（图 1-10，图 1-11）中，已经有男女混合比赛的迹象。

朱元璋建立明朝后，禁止百姓踢足球，违者砍断双脚。一时间足球发展失去了方向。清朝几百年足球终于销声匿迹。但是我国古代足球带给世界的影响不能忽视，不管是从规则、器材演变还是参赛人数的变化，都能看到到古代人的智慧。

（二）现代足球运动起源

在介绍现代足球起源前，有必要先简单地了解国外关于古代足球的典故。据说在 11 世纪，英格兰与丹麦之间有过一场战争，战争结束后，英国人在清理战争废墟时发现一个丹麦入侵者的头骨，出于愤恨，他们便用脚去踢这个头骨，一群小孩见了便也来踢，不过他们发现头骨踢起来脚痛，于是用牛膀胱吹气来代替它，这就是现代足球的雏形（图 1-12）。因为那时的足球比赛没有完善的比赛规程，比赛过程中常常会出现一些危险场景（图 1-13）。

图 1-10

图 1-12

图 1-13

图 1-14　1867 年英国哈罗中学足球队

最初的足球比赛是在城市街道、广场等地进行，比赛没有统一的规则限制，人数也不尽相同。当时的场面非常混乱，而且非常嘈杂，附近的居民和商铺财产常常因此受到损失，因而早期的足球运动又被称为"暴民运动"，英国王室对此非常反感。1314年，当时的英国国王爱德华二世下令，凡是踢足球的人都要入狱。后来的英国国王也都颁布法令禁止踢足球，直到 1580 年，足球运动都只在大学校园里作为一种体育活动开展。17 世纪，国王查尔斯二世允许农奴和伯爵进行足球比赛，但是他死后，足球运动又被压制。

据载，从 16 世纪开始，英国校园足球最先得到发展。19 世纪初，英国校园足球运动非常红火（图 1-14）。当时，每个学校都是根据自己的特点制定规则，由于没有统一的规则，导致比赛中常常出现混乱场面，纠纷、斗殴事件时有发生。1846 年英国剑桥大学为了比赛统一性的需要，制定了简单的规则，被称为"剑桥大学规则"。1857 年，谢菲尔德足球俱乐部（Sheffield F. C.）成立，亦是现存最古老的足球俱乐部（图 1-15）。1863 年 10 月 26 号，11 个足球俱乐部和学校以及一些足球爱好者在伦敦的一家小酒馆开会（图 1-16），会议讨论修改了"剑桥大学规则"，规定了比赛的场地面积、上场队员人数以及禁止用手触球等共 14 条竞赛规则，并且成立了英格兰足球协会。因此，这一天被认为是现代足球的诞生日，英国也被认为是现代足球的发源地。

图1-15 队徽

图1-16 会议成员

1. 最早的足球比赛规则

1863年的会议制定英国第一部全国性足球比赛规则，也是世界上首部足球比赛规则。当时会议的重点是关于足球比赛中手的使用问题，部分人认为可以手足并用，但是最终主张用足的一边获胜。这一年，在伦敦进行了世界足球史上第一次有规则的足球比赛。

比赛既精彩又激烈，进行得相当顺利。原始的条文为后来的足球运动改进提供了革命性的成果，因此我们很有必要认识一下这14条规则。

2. 规则简介

（1）场地面积，在长150码（1码=0.9144米），宽100码以内。在每条边线上距端线25码处，各树立两根标志杆。

（2）球门由两根立竿组成，相距8码。

（3）用投币选择球门或开球权。

（4）上半时比赛时间结束后，交换场地。

（5）当队员将球踢出时，同队任何队员站在球的前面较对方队员更接近对方端线时，不得参加比赛接触球，也不得以任何方式阻碍其他队员接触球。

（6）当球被踢出边线外则为死球，由对方在出界地点将球直接踢入场内，恢复比赛。

（7）当一队将球踢出对方端线时，对方任何队员谁先拿到球便可持球在垂直端线25码处发任意球。

（8）当球踢来时，队员在对方端线后面不可触球。

（9）如果球落到端线之后和边线标志杆之外时，任意球应该在距端线

25 码处发。

（10）当一队员踢任意球时，同队队员不得处在他与对方端线之间，并且对方队员不可站在距离他 10 码之内。

（11）队员可选择任何方式踢任意球。

（12）球从两竿之间或从其间上方无限高度穿过，算胜一球。

（13）在比赛进行中，可用身体任何部位接触球，但不得用手、臂、肩部持、击球。

（14）所有冲击都是公平合法的，但禁止用手抱、推，用脚绊倒或吵闹。

3. 规则趣事

规则确立以后，比赛能否正常进行，主要取决于裁判。1863 年，英国开始有足球裁判。当时，裁判员没有哨子，只是靠大声喊叫和相应的手势，站在场外进行裁判。由于足球场地大，看球的人数多，每当观众发出阵阵掌声和欢呼声或球员之间发生纠纷时，尽管裁判员在场边大声喊叫，但在场内比赛的队员却常常听不清裁判发出的指令，因而混乱场面很难避免。1875 年，一场足球比赛因观众拥入场内，秩序大乱而无法进行。这场比赛的裁判是位警察，情急之下，出于职业的本能，他掏出警笛吹了起来。同样出于本能，激动的人群一下静了下来，场上秩序很快恢复了正常。从此，足球场上的裁判开始使用哨子并进入场内。从出现第一个哨子到目前足球场上普遍采用音量较大的哨子，已经有一百多年的历史。

（三）足球运动与奥运结缘

第 1 届现代奥运会 1896 年在希腊举行。因为参赛队较少，足球被列为表演项目，直到 1912 年第 5 届奥运会时足球才正式纳入比赛项目，至今已举行了 26 届。除第 10 届奥运会外每届奥运会上均有足球比赛。女子足球于 1996 年才被纳入奥运会，但是火爆程度出乎意料，当年的女足决赛吸引了创纪录的 76000 名观众。关于足球运动与奥运会，我们分阶段来了解。

1. 第一阶段：亮相（第 1~4 届奥运会）

在第一阶段里，足球比赛的参赛队伍很少，最多的时候也只有 4 个，他们都来自欧洲的足球传统国家，当时的物质和交通条件限制了足球的交流。在奥运会的赛场上，足球比赛始终坚持传递着一种信息——它将成为一股不可抗拒的力量。就是在这样艰苦的环境下，足球队伍还是在坚持中慢慢壮大,最终形成井喷态势。

第1届奥运会1896年在希腊举行(图1-17),当时的参赛国家仅希腊和丹麦。希腊派出了两支队伍参加,最终丹麦以15:0的成绩夺得了足球奥运会比赛的第一个冠军。

图1-17 1896年足球运动队

第2届奥运会1900年于法国巴黎举行(图1-18),当时的参赛国家有英国、法国和比利时。在这场只进行了两场的比赛中,英国足球队笑到了最后,法国第二。

图1-18 1990年足球运动队

第3届奥运会1904年在美国圣路易斯举行,和第1届一样,东道主美国派出了两支队伍参赛,而对手只有加拿大。最后加拿大7:0赢美国一对,美国一队4:0赢二队,加拿大获胜。

第4届奥运会1908年在英国伦敦举行,参赛国家有英国、丹麦、荷兰和雅典。结果英国队三战全胜获得冠军,依次是丹麦、荷兰和雅典。至此,足球运动结束了他的浪迹生涯。

2. 第二阶段:正位(第5~9届奥运会)

第5届奥运会1912年在斯德哥尔摩举行,当初的足球比赛仍被考虑为表演项目。但是迫于各个足球传统国家的压力,足球运动第一次以正式比赛项目的身份出现,这是一个伟大的进步。本届奥运会共有11个队。(芬兰、意大利、奥地利、荷兰、德国、匈牙利、挪威、俄国、英国、丹麦和瑞典)全部来自欧洲,结果英国、丹麦、荷兰分获前3名,英国足球连续两次奥运会征服了对手(图1-19)。

图1-19 1912年英国足球队

1916年世界大战，奥运会停办。但是接下来3届奥运会得到迅速发展，越来越多的国家加入为比赛注入了更多活力。第7届奥运会，非洲国家加入。第8届、第9届奥运会，更多的美洲国家加入。国际力量的加入为比赛增加了精彩性，比赛也充满悬念。其中第一次参加1924年奥运会的乌拉圭就获得冠军，1928年他们继续上演奇迹，蝉联第9届奥运会冠军，乌拉圭勇士用双脚证明了他们是一个热爱运动和善于思考的民族（图1-20）。

图1-20　1928年冠军乌拉圭国家队

3. 第三阶段劫后重生（第10届奥运会~至今）

奥运会的赛场从来就是不平凡的，由于起初奥运会对职业运动员排斥，很多国家转而去参加世界足球锦标赛（现称世界杯），第10届奥运会在不断的争议中没有举行。奥运会遇到改革危机，虽然柏林奥运会恢复了足球比赛，但是显然没有高水平的比赛，人们的激情并不高。第12、第13届奥运会因为世界大战停办。

战后，关于职业和业余选手的争论依然火爆。显然，国际奥委会还是希望把奥运不商业的宗旨保持。1960年罗马17届奥运会，国际奥委会重申凡是参加过世界杯的运动员不得参加奥运会，当年奥运会有52支队伍报名参加。奥委会开始实行奥运会决赛名额按洲分配：欧洲9个、美洲3个、亚洲和非洲各2个。到21届奥运会时已有过百队伍参赛。

为了吸引更多的优秀运动员参加奥运会，1972年慕尼黑奥运会允许参加世界杯的运动员参加奥运会，但是1978年国际足联开始发难，不让参加奥运会的队员参加世界杯，两个不同的利益组织开始为了自身的发展不停的博弈。

奥运金牌的巨大吸引力让这个世界为之疯狂，奥运足球发展到现在已经渗透到世界每个角落。2008北京奥运会足球取得空前的成功，最后来自南美的阿根廷获得男子冠军（图1-21），来自北美的美国获得了女子冠军（图1-22）。很遗憾，中国队男子、女子均在小组赛被淘汰。

阳光快乐体育

图1-21 2008奥运男子冠军阿根廷队

图1-22 2008奥运女子冠军美国队

奥运会足球比赛规则很不完善，第12届斯德哥尔摩奥运会举办时，英国取得了1908和1912年两次奥运会的冠军，英国足协希望自己能派四支队伍参加，分别是英格兰、苏格兰、北爱尔兰和威尔士。他们企图以退赛威胁组委会来达到目的，但是为了其他国家的利益，组委会严词拒绝。最后英国只能派一个队伍参赛。

表1-1 历届奥运会成绩表（男子）

届次	时间	冠军	比分	亚军	第三名	比分	第四名
1	1896	丹麦	9-0	希腊			
2	1900	英国	4-0	法国			
3	1904	加拿大	7-0	美国			
4	1908	英国	2-0	丹麦	荷兰	2-0	瑞典
5	1912	英国	4-2	丹麦	荷兰	9-0	芬兰
6	1916	未举行足球比赛					
7	1920	比利时	2-0	捷克斯洛伐克	西班牙	3-1	荷兰
8	1924	乌拉圭	3-0	瑞士	瑞典	1-1 [3-1]	荷兰
9	1928	乌拉圭	1-1 [2-1]	阿根廷	意大利	11-3	埃及
10	1932	未举行足球比赛					
11	1936	意大利	2-1	奥地利	挪威	3-2	波兰
12	1940	未举行足球比赛					

续表 1-1

届次	时间	冠军	比分	亚军	第三名	比分	第四名
13	1944	未举行足球比赛					
14	1948	瑞典	3-1	南斯拉夫	丹麦	5-3	英国
15	1952	匈牙利	2-0	南斯拉夫	瑞典	2-0	联邦德国
16	1956	苏联	1-0	南斯拉夫	保加利亚	3-0	印度
17	1960	南斯拉夫	3-1	丹麦	匈牙利	2-1	意大利
18	1964	匈牙利	2-1	捷克斯洛伐克	民主德国	3-1	埃及
19	1968	匈牙利	4-1	保加利亚	日本	2-0	墨西哥
20	1972	波兰	2-1	匈牙利	苏联	2-2	民主德国
21	1976	民主德国	3-1	波兰	苏联	2-0	巴西
22	1980	捷克斯洛伐克	1-0	民主德国	苏联	2-0	南斯拉夫
23	1984	法国	2-0	巴西	南斯拉夫	2-1	意大利
24	1988	苏联	2-1	巴西	联邦德国	3-0	意大利
25	1992	西班牙	3-2	波兰	加纳	1-0	澳大利亚
26	1996	尼日利亚	3-2	阿根廷	巴西	5-0	葡萄牙
27	2000	喀麦隆	2-2 [5-3]	西班牙	智利	2-0	美国
28	2004	阿根廷	1-0	乌拉圭	意大	1-0	伊拉克
29	2008	阿根廷	1-0	尼日利亚	巴西	3-0	比利时

(四）女子足球的发展

1. 古代女子足球运动

女子足球运动有深厚的历史底蕴，它最初发源地依然是中国。汉朝已经出现一种女子舞蹈形式的足球运动（图 1-23）。到了唐代，足球游戏通过民间传入宫廷内部，因为宫女嬉戏逐球，做出各种优雅的动作，得到了嫔妃们的欢心，因而得到嘉奖。宋代已经出现了女子足球艺人，她们女扮男装混入男人群中，与男人同场竞技来谋生（图 1-24）。这样的情况在元朝得以改善，女子不必伪装，可以名正言顺的与男子进行比赛。

图 1-23

阳光快乐体育

图1-24

在世界女子足球方面，据资料记载，早在16世纪的英格兰已经出现了类似足球运动的女子活动。日本在1686年出版的《好色一代女》中就有过反映，一些日本妇女经常从事一种由中国传去的"一般场户"蹴鞠游戏。英格兰爱丁堡及其附近的城镇在18世纪末就开始每年都要在一些节日的庆祝活动中进行女子足球赛事，如"忏悔节"中举办的未婚女子对已婚妇女的比赛。此外，在其他一些地区也有地方性的女子足球比赛。

2. 现代女子足球运动

现代女子足球运动始于英国。最初，女子踢足球是不被认可的，一些社会舆论强烈指责现代足球运动方式过于激烈，医学界也有人认为女子足球对妇女的身体有害，所以，一直没有得到官方的认可。欧洲国家最先大规模地发展现代女子足球运动，是

1890年，英格兰最先组建了女子足球队。1894年，英格兰出现了世界上最早的女子足球俱乐部（图1-25）。60年代，意大利和瑞典开始举办了足球等级联赛。1971年，比利时女子足球得到官方认可，有50多个女子足球俱乐部加入了国家足协。1984年，欧洲足联首次举办了欧洲女子足球锦标赛，建立了欧洲女子足球竞赛体制。

图1-25 早期妇女足球俱乐部比赛

中国是亚洲最早引进现代女子足球的国家，早在上世纪二三十年代女足便有了萌芽。1924年上海私立两江女子体育专科学校开始将女子足球作为教学内容，同时成立了女子足球

队，但是两年后因为缺乏成长环境问题而解散。1934年广州国立中山大学附中也曾组建过女子足球队，但是因为同样的问题而夭折。

新中国成立后，女子足球得到多方面的支持，水平得到迅速的提高，并得到国际足坛的认可。国际足联和亚足联批准在中国举办1983年国际女子足球邀请赛。1984年，中国第一支女子足球队成立。中国女足的成长速度是惊人的，短短十年间，已经成为一支国际强队。1999年7月，第3届女足世锦赛总决赛中，中国与美国战成平局，最终点球遗憾告负，但是女足精神振奋国人（图1-26）。女足队员孙雯也因为其优异表现荣获国际足联颁发的世界杯金球奖和金靴奖，并荣获亚足联授予的"最佳运动员"称号，成为中国足球人的骄傲（图1-27）。

图1-26　1999年中国女足

图1-27　孙雯

表1-2　历届奥运会成绩表（女子）

届次	时间	冠军	比分	亚军	第三名	比分	第四名
26	1996	美国	2-1	中国	挪威	2-0	巴西
27	2000	挪威	3-2	美国	德国	2-0	巴西
28	2004	美国	2-1	巴西	德国	1-0	瑞典
29	2008	美国	1-0	巴西	德国	2-0	日本

第二节 足球运动的特点

一、简单易于开展

正式的足球比赛只需要球门、球门网等简单的设备即可进行。足球活动可以不受时间、人数、器材等限制,只要有一块场地和一个足球即可进行健身活动,场地根据参加活动的人数可大可小。球门可用砖、石、衣物等代替(图1-28,图1-29)。活动方式灵活机动,单人或两三人可进行颠耍球、传接球或练习各种基本技术。人数稍多可进行小型比赛,3对3、4对4、5对5。足球竞赛的基本常识比较容易掌握,群众性足球活动可利用余暇时间,一年四季都能开展。

图1-29

二、激烈富于观赏性

高水平足球比赛,紧张、激烈、精彩,战局跌宕起伏,变化莫测,胜负难以预料,因而引人入胜,具有很高的观赏性。每逢世界杯足球比赛,上至国家元首,下到普通百姓,都被扣人心弦的精彩比赛深深地吸引着(图1-30)。

一场高水平足球比赛始终在高速激烈对抗中进行。攻守转换快,从地面到空中的立体角逐始终贯穿着进攻与防守、限制与反限制、制约与反制约的激烈对抗,观众的情绪随着比赛的进行而剧烈地变化着(图1-31)。裁判员的错判、漏判,比赛中的偶然

图1-28

性，运动员的过激行为都对观众的心理造成强烈的刺激。比赛双方在技术、战术、身体和心理的综合抗衡中尽显足球运动之美。

图 1-30　意大利总理贝鲁斯科尼与球星在一起（中）

图 1-31

三、丰富的文化内涵

足球运动具有丰富的文化内涵，是一种满足人们生理、心理需要，表现人们行为举止，思想感情，民族特性、风格的身体文化运动。世界足球强国，如巴西、法国、意大利、阿根廷、德国、英国等，他们的运动员在比赛中都体现了鲜明的技战术风格。而风格的形成则是本民族的文化、地域、身体条件、心理、主观追求等因素的综合作用，民族文化是其中主要的因素（图 1-32）。

图 1-32　桑巴足球

四、诱人的经济效益

足球运动发展至今已经高度国际化、职业化、商业化，蕴含着十分诱人的经济效益。在意大利，足球是国民经济中的十大支柱产业之一，被称为"无烟工业"。足球产业具有高投入、高产出的特点。优秀运动员的转会费直线上升，高达几千万美元，甚至上亿。经营状况好的职业俱乐部每年的盈利也十分丰厚。即使在发展中的中国，操作好的一场商业比赛也能获利数百万。一个足球职业俱乐部的

足球产业开发是生存的经济基础（图1-33）。目前我国足球职业化刚刚起步，足球产业的开发大有可为、前途无量。

图1-33　部分足球产品

第二章 足球运动的基本技战术

第一节 足球基本技术介绍

足球个人基本技术主要包括颠球、踢球、接球、运球、头顶球、抢截球、投掷界外球、假动作等方面。对于青少年来说，应先从最基本的踢球、接球和运球学起，再过渡到假动作练习。现在简单地介绍一下基本技战术。

一、颠球（Juggle with balls）

颠球：是指运动员用身体（除手臂以外）的各个部位连续地触击球，并控制使球不落地的技术。此技术是运动员熟悉球性的一种练习手段，可增强对球的感受。

（一）双脚脚背正面颠球

脚背颠球练习时，（以右脚触球为例）脚向前上方摆动，用脚背的正面（系鞋带的部位）击球的下中部使球向上运行。击球时要以踝关节为轴，保持踝关节稳定。颠球时候要用力均匀，使球始终控制在身体周围（图2-1~图2-3）。

图2-1

图2-2

图 2-3

注意：脚尖不要向下或上勾。踝关节紧张，球向内转动。

（二）双脚的内侧、外侧颠球

进行双脚内侧、外侧颠球时，抬腿屈膝，用脚的内侧（脚弓）或外侧向上摆动，击球的下部，使球向上弹起，两脚内侧或外侧交替击球。此技术动作与踢毽子的动作相似。

（1）脚内侧颠球（图2-4，图2-5）。

图 2-4

图 2-5

（2）脚外侧颠球（图2-6）。

图 2-6

注意：颠球时要将脚内外侧抬平。

（三）大腿颠球

进行大腿颠球练习时，抬腿屈膝，用大腿的中前部击球的下部，使球向上弹起。两腿可交替击球，也可一脚做支撑，另一脚连续击球（图2-7，图2-8）。

（四）肩部颠球

两臂自然下垂，两脚自然左右开立，当球来的时候，靠近球侧的肩部顺势上耸击球，击球的中下部（图2-9，图2-10）。

图2-9

图2-7

图2-8

图2-10

（五）头部颠球

在进行头部颠球练习时，要求球员两脚开立，膝盖微屈，上体自然放松，双手稍微展开以保持身体平衡，用前额部位连续击球的下部（图2-11~图2-14）。此项技术的难度比较大，不易于掌握，需要多加练习。

图2-13

图2-11

图2-14

图2-12

注意：练习此项技术的时候，首先要克服恐惧心理。其次，双眼要注视来球，不要闭眼；当球接触到头的一瞬间可以闭眼保护，不过应马上睁眼观察球的飞行情况。

二、踢球（kick the ball）

踢球：是指运动员有目的地用脚把球击向预定目标的技术。踢球主要应用于传球和射门，是足球运动中最基础也是最重要的技术。踢球的方式方法有很多，最主要的有脚背正面踢球、脚背内侧踢球、脚背外侧踢球、脚内侧踢球、脚尖踢球和脚后跟踢球这六种。下面对这六种踢球的方法逐一说明。

（一）脚背正面踢球

1. 脚背正面踢定位球

以右脚踢球为例，直线助跑，左脚的最后一步稍大些，左脚作为支撑脚要积极着地（支撑脚应落在球一侧10~12厘米处），左脚的脚尖指向出球方向，膝关节微屈。右腿随跑动向后摆动，当支撑脚落地的同时，右腿向前摆动，右脚脚背用力绷直，脚趾紧扣，以右脚的脚背正面击球的后中部（图2-15~图2-18）。

图2-16

图2-17

图2-15

图2-18

2. 半高球

侧向来球轨迹比较好时，支撑脚顺势前跨一步，展髋展腹，手臂打开，击球腿从加速状态加速前摆，脚正面击球中后部；击球后继续向前完成动作，保持稳定（图2-19~图2-22）。

图2-19

图2-20

图2-21

图2-22

3. 反弹球

根据球的落点和轨迹，迅速将支撑脚移动到球的侧后方，在球弹起的瞬间用脚背正面加速向前击球（图2-23～图2-25）。

图2-25

4. 搓击球

大腿的幅度不要太大，主要用小腿前摆击球。击球瞬间，脚背弯曲，小腿加速上提，击球的后下部，使球朝身体方向回旋，力量不要穿过球重心（图2-26～图2-29）。

图2-23

图2-24

图2-26

阳光快乐体育

图 2-27

图 2-29

（二）脚背内侧踢球

以右脚踢球为例，斜线助跑（助跑方向与出球方向约成45°），最后一步左脚作为支撑脚的迈步稍大，落于球的侧后方，膝关节微屈，支撑脚的脚尖对准出球方向。在支撑脚落地支撑的同时，右腿向前摆动，右脚脚尖外转，脚背绷直，以脚背内侧击球的底部（图2-30～图2-32）。

图 2-28

图 2-30

脚的最后一步稍大些，左脚作为支撑脚要积极着地，左脚的脚尖指向出球方向，膝关节微屈。右腿随跑动向后摆动，当支撑脚落地的同时，右腿向前摆动，右脚脚背用力绷直，脚趾紧扣，膝关节和脚尖内转，用脚背外侧击球（图2-33~图2-37）。

图2-31

图2-33

图2-32

脚背内侧踢球主要应用于长传球和定位球中，在足球运动中是一门非常重要的技术，在比赛中有很多的战术配合就是依靠长传球来实现的。

(三) 脚背外侧踢球

以右脚踢球为例，直线助跑，左

图2-34

脚背外侧可以踢地滚球、削踢定位球（香蕉球）等。由于踢这种球的脚踝灵活性较大，摆腿方向变化较多，故其出球隐蔽性较强，足球比赛中各种距离的弧线球及非弧线球均可使用。

（四）脚内侧踢球（又称脚弓踢球）

1. 脚内侧踢定位球

以右脚踢球为例，直线助跑，左脚支撑前的最后一步稍大些，落在球的侧面，左脚脚尖正对出球方向，膝盖微屈，在支撑脚着地时踢球腿向前摆动，右腿大腿外展，脚趾微翘，将脚弓形成平面触击球的后部（图2－38～图2－42）。

图2－35

图2－36

图2－37

图2－38

图 2-39

图 2-41

图 2-40

图 2-42

　　脚内侧不仅可以踢定位球，还可以踢空中球、反弹球。此技术主要因为触球的面积大，传球的准确性高，但由于其技术动作限制不易发挥出较大的力量，所以一般应用在短距离传球中。

2. 脚内侧踢空中球

脚内侧踢空中球根据来球速度和运行轨迹及时移动到位，踢球腿大腿抬起并外展，小腿弯屈并向后摆，大腿带动小腿向前摆动，当摆至额状面时与球接触，击球的中部（图2-43～图2-47）。

图2-45

图2-43

图2-46

图2-44

图2-47

3. 脚内侧踢反弹球

脚内侧踢反弹球根据来球速度和运行轨迹移动到位，踢球腿摆动与踢定位球时相同，在球着地后刚弹离地面的瞬间用脚内侧击球的中部（图2-48~图2-51）。

图2-50

图2-48

图2-49

图2-51

（五）脚跟踢球

这是一种用脚跟接触球的踢球方法。此项技术力量小，方向向后，有一定的隐蔽性和突然性（图2-52～图2-59）。

图2-52

图2-54

图2-53

图2-55

图 2 – 56

图 2 – 58

图 2 – 57

图 2 – 59

阳光快乐体育

三、接球（Take a pass）

接球，是指运动员有目的的用身体的合理部位把运行的球接下来，控制在所需要的范围内，以便更好的接下一个动作。接球的方法主要有以下6种：脚内侧接球、脚背外侧接球、脚背正面接球、脚底接球、大腿接球和胸部接球。

（一）脚内侧接球

1. 脚内侧接地滚球

支撑脚脚尖正对来球，膝关节稍弯曲。接球腿提膝外展，用脚弓正对来球，当与球接触瞬间后撤，将球停在脚下（图2-60～图2-63）。

图2-61

图2-62

图2-60

图2-63

2. 脚内侧接空中球

迅速移动到球的落地轨迹上来支撑脚正对来球方向，摆动腿，外展脚弓，正对来球，在空中触及球后顺势后撤（图2-64~图2-67）。

图2-64

图2-66

图2-65

图2-67

3. 脚内侧接反弹球

支撑脚脚尖正对来球方向，膝关节微屈。接球腿大腿外展，脚尖微翘，脚底与地面平行，以脚内侧迎球。使用这个动作接地滚球和空中球时，当球与脚接触的一瞬间，脚迅速后撤。当接反弹球时，要使脚内侧与地面形成一定的锐角，当球与脚接触的瞬间，大腿向接球后球运行的方向摆动（图2-68~图2-71）。

图2-70

图2-68

图2-71

图2-69

（二）脚背正面接空中球

脚背正面上迎下落的球，当球接触到脚的一瞬间，接球脚与球同步下撒。这种方法多运用于大抛物线的来球（图2-72~图2-75）。

图2-72

图2-74

图2-73

图2-75

(三) 脚背外侧接球

1. 脚背外侧接地滚球

支撑腿膝关节微屈。接球腿提起，膝微屈，脚背外侧与地面形成一定的角度，并对准接球后的运行方向。此项技术可以接地滚球与反弹球（图 2-76～图 2-79）。

图 2-78

图 2-76

图 2-79

图 2-77

2. 脚外侧接反弹球

根据来球的落点及时移动到位，支撑脚站在来球落点的侧后方，除触球部位外，其他环节均与脚外侧接地滚球相同（图2-80～图2-83）。

图2-82

图2-80

图2-83

（四）脚底接球

身体正对来球方向，支撑脚站在球的侧面，脚尖正对来球方向，膝关节微屈。接球腿提起，膝关节微屈，脚底对准来球。此项技术不仅可以应用在停地滚球，而且还可以应用在停

图2-81

反弹球（图2-84～图2-89）。

1. 脚底接地滚球

身体正对来球方向，移动前迎，支撑脚站在球的侧面（或前或后均可），脚尖正对来球方向，膝关节微屈，同时接球腿提起，膝关节微屈，脚略背屈，使脚底与地面约小于45°角（且脚跟离开地面）一般以前脚掌接触球的上部为宜。在触球瞬间接球脚可轻微跖屈（前脚掌下点）将球停住，也可根据需要在接球同时将球推向前方或拉向身后。

图2-86

2. 脚底接反弹球

根据来球落点，及时前移迎球，支撑脚站在落点侧后方，脚尖正对来球方向，球落地瞬间，用前脚掌去触球的中上部，微伸膝，用脚掌将球接在体前。若需接在身后则应在触球瞬间继续屈膝，将球回拉，并伴随支撑脚以前脚掌为轴旋转90°以上。

图2-84

图2-85

图2-87

图2-88

到位，接球腿大腿抬起，当球与大腿接触的瞬间大腿下撤将球接到需要的位置上。

图2-90

图2-89

（五）大腿接球

面对来球方向，接球腿抬起，以大腿对准来球，当球接触到腿的瞬间后撤。此项技术可以接大抛物线来球和低平球（图2-90~图2-96）。

1. 大腿接大抛物线球

大腿接抛物线较大的下落球：面对来球方向，根据球的落点迅速移动

图2-91

阳光快乐体育

图 2 – 92

图 2 – 93

图 2 – 94

图 2 – 95

图 2 – 96

2. 大腿接低平球

面对来球方向，根据来球高度，接球腿大腿微屈，送髋前迎来球，当球与大腿接触瞬间收撤大腿，使球落在所需要的位置上。

（六）胸部接球

面对来球站立，两膝微屈，上身

后仰，下颌微收，两臂自然张开。接球瞬间两脚蹬地，膝关节伸直，以胸部托球的下部，使球向上运行（图2-97~图2-103）。

1. 挺胸式接球

面对来球站立（两脚左右或前后开立），两膝微屈，重心置于支撑面内，上体后仰，下颌微收，两臂自然张开，维持身体平衡。接触球瞬间，两脚蹬地，膝关节伸直用胸部轻托球的下部使球微微弹起于胸前上方。

图 2-99

2. 收胸式接球

面对来球，两脚可前后或左右站立，两臂自然张开，挺胸迎球，当球触胸部的瞬间收胸、收腹、臀部后移将球接在身前。

图 2-97

图 2-100

图 2-98

阳光快乐体育

图2-101

图2-103

四、运球（Drib boing）

运球，是指运动员利用身体的某一部位触球，使球能随运球者一起运动。比赛中很多进球与完美的运球不可分开的。运球的方法包括脚背正面运球、脚背外侧运球、脚背内侧运球和脚内侧运球。

（一）脚背正面运球

运球时身体持正常跑动姿势，提膝关节，脚尖下压，用脚背正面触球的后中部，使球向前滚动（图2-104～图2-108）。

图2-102

图 2 - 104

图 2 - 106

图 2 - 107

图 2 - 105

图 2 - 108

（二）脚背外侧运球

运球时身体持正常跑动姿势，上体稍前倾，运球脚提起，膝关节微屈，脚尖向内旋转，使脚背外侧正对运球方向。此项技术可以利用脚腕进行运球方向的变化（图2-109～图2-113）。

图2-109

图2-110

图2-111

图2-112

图 2 - 113

(三) 脚内侧运球

支撑脚在运球的过程中始终领先于球，膝关节微屈，重心在支撑脚上，肩部指向运球方向，运球脚提起，膝关节微屈，以脚内侧推球前进（图 2 - 114 ~ 图 2 - 117）。

图 2 - 115

图 2 - 114

图 2 - 116

图 2-117

图 2-118

图 2-119

图 2-120

五、头顶球（Header）

头顶球，是指运动员有目的地用前额将球击向预定目标的动作。头顶球是一项较难掌握的技术，由于头部位于身体的最高部位，并且在比赛中不仅仅有地滚球和半高球，还有高空球。掌握了头顶球技术，就增加了争夺空中球的手段。

（一）前额正面头顶球

身体正对来球，双眼注视来球方向，两臂自然张开，当球运行到将垂直于地面时，双腿发力，上身迅速向前摆，微收下颌，前额对准球的中部击球，在前额触球的瞬间做碰击（图2-118～图2-120）。

(二) 前额侧面头顶球

身体同样正对来球,双眼注视来球判断球运行轨迹,两臂自然张开,当球运行至上方时,以前额侧面击球,上体同时随出球方向扭转(图 2-121,图 2-122)。

图 2-121

图 2-122

六、抢截球(blocktackle)

抢截球技术是运动员在规则允许的范围内,试用身体的合理部位将对手的控球权夺过来或者破坏掉的技术,下面介绍几种抢截球技术。

(一) 正面跨步堵抢

抢球者迎面运球者,双脚前后站立,两膝微屈,身体重心放在两腿之间,当运球者与抢球者间的距离缩小到一定范围(向前跨一步就能触到球),运球者脚触球后即将落地或者刚刚落地时,抢球者后脚用力蹬地并跨步向前,以脚内侧堵截球,另一只脚应迅速上步。当双方同时堵住球时,则抢球者将赌球脚迅速向上提,使球从对手的脚面上滚过(图 2-123~图 2-127)。

图 2-123

阳光快乐体育

图 2－124

图 2－127

（二）合理冲撞抢球

当防守者与运球者并肩跑动追球时，防守者重心下降，靠近对手一侧的手臂紧贴身体，利用对方同侧脚离地的过程，用肘关节以上部位适当冲撞对手的相同部位，使对手身体失去平衡，乘机将球控制住（图 2－128～图 2－131）。

图 2－125

图 2－126

图 2－128

图 2－129

图 2－131

（三）铲球

移动接近运球者，膝关节微屈，重心下降，当运球者的脚触球后球尚未落地时，抢球者沿地面向球滑铲，随即用手扶地做一侧的翻滚，尽快起身。此项技术可以应用与正面铲球和侧面铲球。注意：在进行异侧和同侧铲球时，支撑脚是不同的，异侧的支撑脚是靠近运球者的脚，铲球脚为外侧脚。同侧铲球时支撑脚为外侧脚，而铲球脚为靠近运球者一方的内侧脚（图 2－132～图 2－143）。

1. 正面铲球

移动接近控球者，膝关节微屈，重心下降，当控球者触球脚触球后尚未落地时，抢球者双脚沿地面向球滑铲，随即用手扶地做向一侧的翻滚，并尽快起身。

图 2－130

图 2 – 132

图 2 – 133

图 2 – 134

图 2 – 135

2. 异侧脚铲球

当双方都不能用正常的动作触球时（指跑动中），防守者应根据与球的距离，同侧脚用力蹬地使身体跃出，异侧脚向前沿地面对着球滑出，脚底将球铲出，然后小腿外侧、大腿外侧、手依此着地。或铲出球后身体向铲球腿一侧翻转，手撑地后立即起身，使身体恢复到与下一动作衔接的状态和位置。

图 2 – 136

图 2 – 137

图2－138

图2－139

3. 同侧脚铲球

防守者在跑动中根据双方离球的距离作出判断，当对手不能立即触球时，用异侧脚用力蹬地，使身体向前方跃出，同侧脚沿地面向前滑出的同时向外摆踢（脚踝应有向外的动作），用脚背外侧将球踢出。也可用脚尖将球捅出，接着向对手一侧翻转，手撑地迅速恢复到下一个动作所需要的位置。

在激烈的比赛中，由于铲球可以更大限度地争取时间和扩大控制面而被广泛地运用到踢球、接球、运球、抢球技术中去。所以，这项技术应引起高度的重视。

图2－140

图2－141

阳光快乐体育

图 2-142

图 2-143

注意以下三点：

（1）选位：抢球者选位时候要对对方控球者控球情况、接应队员情况和对方意图进行分析判断，以便及时获得有利位置。

（2）时机：抢球的成功与否与掌握正确时机是不可分的，在对运球者抢球时机是当运球者触球后运球脚未落地或者刚刚落地的时候实施抢球；在对传接球进行抢球时，是在传球者将球传出，接球者未接到球时进行抢截。在做好抢球的准备后，行动要果断，动作要快速准确。

（3）跟上：抢截后的动作要迅速恢复到下一个动作需要的状态，这样有利于之后动作的衔接。

七、守门员技术（Goalkeeper skills）

守门员是全队最后一道防线，主要任务是守住本方球门。在现代足球运动中，守门员的任务不仅仅是守球门，而且还要控制罚球区，组织和指挥全队的进攻和防守。因此，足球比赛中守门员是一名特殊的、举足轻重的角色。下面对守门员技术加以介绍。

（一）准备姿势

两脚左右开立，与肩同宽，两脚跟稍微提起，重心落于前脚掌。两腿屈膝，稍内扣，上体微向前倾，两臂自然张开屈肘于体前，双眼注视来球（图2-144）。

图 2-144

（二）移动

（1）侧向滑步移动：以向左侧移动为例，先用右脚用力蹬地，左脚稍离地面并向左滑步，右脚快速跟上（图 2-145～图 2-147）。

图 2-145

图 2-146

图 2-147

（2）交叉步：以向右侧移动为例，身体先向右侧倾斜，同时左脚用力蹬地，并及时向右前方跨出一步成交叉步，然后右脚向右侧移动，依次类推（图 2-148～图 2-150）。

图 2-148

图 2-149

图 2-150

（三）接球

接球技术主要分为地面球、平空球、高空球、扑接球、托球、拳击球。

1. 地面球

接地面球技术分直腿式和跪撑式两种。

（1）直腿式接地面球

直腿式接地面球面向来球，两脚自然分开，直腿站立，两手掌心向上，手触球后将球抱于怀中（图2-151～图2-156）。

图2-151

图2-152

图2-153

图2-154

图2-155

图2-156

（2）跪撑式

以接右侧球为例，右腿屈膝跪地，两腿之间的距离不得超于球直径，上体与手臂动作与直腿式相同（图2-157～图2-159）。

图 2 – 157　　　　　　图 2 – 158　　　　　　图 2 – 159

2．平空球

平空球指的是来球高度位于胸部于膝部以上范围。接球时，面对来球，两手掌心向上，两手臂平行并且相靠，前迎接球。上体前屈，当接触到球瞬间，手臂后撤卸力，将球抱于胸前（图 2 – 160，图 2 – 161）。

图 2 – 160　　　　　　　　图 2 – 161

3．高空球

面对来球，两臂上伸，两手心向前迎球并且两大拇指成八字，触球瞬间手指、手腕适当用力缓冲来球力量，顺势转腕屈肘将球抱于胸前（图 2 – 162 ~ 图 2 – 165）。

阳光快乐体育

图 2 – 162

图 2 – 163

图 2 – 164

图 2 – 165

4．扑接球

（1）扑侧面球。以向右侧扑球为例，左侧脚用地蹬地，双脚快速向右侧伸出，一手置于球后，另一侧手置于球的侧后上方。同时身体向同侧脚方向倒地，落地时以小腿、大腿、臀部、肘外侧依次着地，落地后立即团身（图 2 – 166，图 2 – 167）。

图 2-166

图 2-167

（2）扑平空球。技术动作与扑侧面球相同，要注意的是完成这一动作时在空中的展体（图 2-168～图 2-170）。

5. 托球

判断来球线路，挑起用手掌的前部触球的下部，将球托出球门横梁（图 2-171～图 2-173）。

图 2-168

图 2-169

图 2-170

图 2-171

图 2-172

图 2-173

图 2-175

6. 拳击球

判断来球线路，移动身体，双手或者单手握紧拳头，在接近球的瞬间迅速出拳击球。击球有单手和双手两种（图 2-174～图 2-179）。

（1）单拳。单拳击球动作灵活，摆动幅度大，击球力量大。

图 2-174

图 2-176

（2）双拳。双拳击球接触球面积大，准确性高。

图2-177

图2-178

图2-179

（四）发球

发球是守门员将已被自己控制的球重新进入比赛的方法，主要有手掷球和脚踢球两种方式。

1. 手掷球

手掷球方法有两种：单手肩上掷球与侧身肩上掷球（图2-180～图2-183）。

（1）单手肩上掷球。双脚前后站立，单手持球上举于肩上，充分利用后腿蹬地、持球手臂后引、转体挥笔和甩腕力量将球掷出。

图2-180

图2-181

单手持球，掷球前球从异侧经头顶后将球掷出。此技术由于作用距离长，能够较好的借助腰腹力量，所以出球速度快、距离远。

图2-182

图2-183

2. 脚踢球

脚踢发球有两种方式，一种是踢空中球，另一种是踢反弹球（图2-184～图2-191）。

（1）踢空中球。将球抛于体前，在球下落的过程中将球踢出。本技术多用于远距离传球或者雨天场地泥泞时传球。

图2-184

图 2－185

图 2－187

（2）踢反弹球。将球抛于体前，在球触底反弹瞬间将球踢出。此技术比踢空中球准确性要高，速度较快，出球弧度低，隐蔽性强。

图 2－186

图 2－188

图 2-189

图 2-191

图 2-190

八、假动作（Deceptive movement）

在一百多年的现代足球运动中，涌现出一批又一批的盘球大师，他们用娴熟的运球技术，灵活的身体，冷静的头脑，出众的意识和创造力为我们的球场带来了非同凡响的激情。他们每一次精彩的运球过人都会引起球迷的欢呼，每一次成功的突破都会为对手带来更大的麻烦。每个盘球大师都有自己的一个招牌似的过人技术，这些技术代表了他们的风格，在球场上他们被称为"球场上的魔术师"。下面我们就介绍几位在足球运动中具有代表性的运球大师以及他们的招牌动作。

1. 马修斯假动作（马修斯）

图2-192

马修斯在1932年17岁的时候第一次代表斯托克城出战，期间转会到了布莱克本，呆了14年，最后3年重新回到了斯托克城。1965年4月28日宣布退役，数周后，伊丽莎白女王授予马修斯爵士爵位。伊丽莎白女王盛赞马修是个奇迹。他在其职业生涯中共出场698次，为国家出战54次，射入11球，1956年荣获欧洲足球先生。

马修斯有"球场上的卓别林"之称。他在场上经常上演滑稽动作，没人防守的时候他也容易摔倒，惹来一阵笑声，"球场上的卓别林"的雅号由此而来。他善于声东击西，利用娴熟的球技和假动作诱使对方上当，迫使对方暴露意图而自己却不露声色。

马修斯留给后人的足球财富是盘球技术。作为一代盘球大师，他在场上经常遇到对方的侵犯，他报复的方式是提高盘球技术，用更高的球技带球过人，躲过对方的抢铲。球一到他的脚下，他会迅速成为一名"挑衅者"，在对方后卫迎击前盘带过人。他直奔对方后卫时，对手总是后退或回避，好像被他推得远远的。如果对手伸右腿拦截，他会向外侧带球突破，如果对手伸左腿拦截，他会从内侧突破。当对方不管三七二十一向他直奔时，他会迅速将球传给队友，让对方扑个空。

马修斯假动作的过程是：以右脚内侧把球向左侧推拨，身体同时向左倾斜，作出攻击对方右侧的假象，在对手被欺骗重心向右移动时，右脚迅速移至球的左后方，用右脚外侧迅速将球向对方左侧推拨，然后向前运球突破对手（图2-193～图2-197）。

图2－193

图2－194

图2－195

图2－196

图2－197

2. 马赛回旋（齐达内）

图2－198

对于齐达内的足球生涯，他曾获得世界杯、欧洲足球锦标赛、欧洲冠军杯等多个大型赛事冠军和多届世界"足球先生"称号。他的运动生涯仅仅用"传奇"两个字，难以形容。球场上技艺非凡，球场下人品出众。德艺双馨的齐达内，在其长达18年的职业球员生涯里，为当代球迷确立了一个真正优秀球员的标准。在球场上他那令人眼花缭乱的盘带技术让每个防守他的球员望尘莫及。他最具代表性的技术可以称之为马赛回旋了。

"马赛回旋"这个叫法是因为齐

达内把这个动作熟练地做出来,并且发扬光大,让人们所熟知。不大清楚的人开始叫这个动作为"齐达内回旋",齐达内生于马赛,齐达内谦虚,于是就叫做"马赛回旋"了。

马赛回旋是在转身的时候左右脚交替踩球改变球的运动方向,躲过对方的铲抢或者利用身体将对方挡开,使对方够不到球。正向带球过程中用一只脚踩球后,迅速落地做支撑脚,紧接着180°顺势转身并且此时用另一只脚拉球,再顺势转身,摆脱防守者,再或传或射,一气呵成。此技术就是两脚交替踩球和转身的组合动作(图2-199~图2-202)。

图 2-199

图 2-200

图 2-201

图 2-202

3. 牛尾巴（罗纳尔迪尼奥）

图 2-203

罗纳尔迪尼奥是巴西最著名攻击型球星之一，他控球技术出色，擅长中路及边路快速突破，定位球方式变化多端和手术刀般的精确妙传。罗纳尔迪尼奥同样在球场上给我们留下了牛尾巴过人的精彩瞬间。

牛尾巴技术也许我们已经很熟知了，那是巴西著名球星罗纳尔迪尼奥在法甲赛场上为上演的精彩的一幕。那么真正第一次在足球场上运用这个技术骗过防守队员的人是谁呢？罗伯托·里维利诺，20世纪70年代继"球王"贝利之后的巴西足球绝世巨星。他那具备火炮般强力和导弹般精准的任意球，巧妙细腻的盘带技术，使他成为了伟大的巴西"10号"衣钵继承人。巴西在1970年墨西哥世界杯完成了三夺胜利女神杯的壮举，里维利诺功不可没。牛尾巴第一次展现于世人面前是在1968年，巴西与西德在巴西的马拉卡纳体育场进行的一场友谊赛中。里维利诺首次在马拉卡纳的十几万球迷面前展示牛尾巴假动作。而更加具备纪念意义的是，首次被牛尾巴假动作戏耍的正是德国足球"皇帝"贝肯鲍尔。

"牛尾巴"动作全面解剖：

（1）身体重心首先向足球方向前倾，这是为了制造想向该方向盘带的假象。

（2）利用外脚背轻轻地顺着足球的底部，从内向外一扫。

（3）在这个一扫的过程中，外脚背是采取一个切入的势态。

（4）当球向身体前倾的方向运行时，利足外脚背顺势将球勾向反方向。

（5）身体的重心同时也以圆弧状移动到反方向上，最后造成对手失去重心，成功突破或是造成对方防守的犯规（图2-204～图2-207）。

图2-204　　　　　　　图2-205

图2-206　　　　　　　图2-207

4. 踩单车（罗比尼奥）

图2-208

罗比尼奥的全名是罗布森·德·索萨，"罗比尼奥"是他的绰号。2002年，他在桑托斯队开始职业生涯，一度和队友迭戈一起，被称为巴西最具希望的双子星。罗比尼奥的技术极为细腻，熟练的"踩单车"过人是他的招牌之一。

踩单车指双脚不断在球的四周不断快速绕圈做假动作，两只脚轮番在球上方迈来迈去，以迷惑对方来突破过人，此技术易于掌握，最早是由巴西队的多名球员使用，最经典的是"盘球大师"德尼尔森，现在技术较高的有小罗、C罗和罗比尼奥。

踩单车动作：身体稍前倾，球在身体方向前滚动，左脚支持身体，右脚抬起，右脚从球的左侧绕过回到原来位置（脚不碰球），左脚抬起，左脚从球的右侧绕过回到原来位置（脚不碰球），两脚连续交替进行。踩单车的假动作要逼真，身体要协调（图2-209～图2-213）。

图2-211

图2-212

图2-209

图2-213

图2-210

九、掷界外球技术（Throw in skills）

掷界外球技术现在越来越被人们重视，尤其在前场30米内的界外球将对对方球门造成直接的威胁。界外球技术分原地掷界外球与跑动中掷界外球两种方式。

(一) 掷界外球技术

1. 原地掷界外球

原地掷界外球技术：面对出球方向，两脚可前后或左右站立，膝关节微屈，上体后仰成背弓，两手自然张开，拇指相对，持球的侧后部，屈肘将球置于脑后。掷球时，双脚用力蹬地，上体向前摆，双臂顺势由脑后经头上加速前摆（图2-214～图2-221）。

(1) 双脚左右开立掷界外球

图2-215

图2-214

图2-216

阳光快乐体育

图2-217

图2-219

（2）双脚前后站立掷界外球

图2-218

图2-220

图 2 – 221

图 2 – 223

2. 跑动中掷界外球

首先在助跑前双手将球持于胸前，其他技术与原地掷界外球技术相同，但要注意的是在助跑的迈出最后一步时，上体后仰，同时双手将球置于脑后（图 2 – 222 ~ 图 2 – 224）。

图 2 – 222

图 2 – 224

第二节　足球基本战术介绍

足球战术是足球比赛中的战术，是指为了战胜对手，根据主客观的实际所采用的个人和集体配合手段的综合表现。在足球战术里不仅仅有为了将球踢进对方球门得分的进攻战术，而且还有防止对方进球的防守战术。

图 2-225

一、简单进攻战术介绍

对于青少年足球运动员来说，掌握几种比较简单，又很基础的进攻战术是很重要的。在实际比赛中，最简单的战术莫过于两人之间的配合了。下面我们就介绍几种简单的两人之间的战术配合。

图 2-226

（一）直传斜插二过一

说明：1、2 号为进攻队员；3 号为防守队员（标志桶代替）。

1 号将球向 3 号防守队员身后直传，2 号斜向插入到防守队员身后拿球（图 2-225～图 2-227）。

图 2-227

（二）斜传直插二过一

说明：1、2 号为进攻队员；3 号为防守队员。

1 号将球斜传向 3 号防守队员身

后，2号直线跑向3号身后拿球（图2-228～图2-230）。（图2-231～图2-233）。

图2-228

图2-231

图2-229

图2-232

图2-230

图2-233

（三）踢墙式二过一

说明：1、2号为进攻队员；3号为防守队员。

这种二过一配合，是经过两次传球来实现的。1号将球传向2号同伴，2号得球后不停球，直接将球传向3号防守队员身后，1号在做出传球后立即启动插向3号防守队员身后拿球

（四）回传反切二过一

说明：1、2号为进攻队员；3号为防守队员。

1号控球，2号跑向3号防守队员身前做倚靠动作，当1号传球的刹那间，2号向前跑动接球，接球后立即回传1号并返身跑向3号防守队员身后接球，1号可以通过过顶球传向防守队员身后（图2-234～图2-238）。

图 2-234

图 2-235

图 2-236

图 2-237

图 2-238

（五）交叉掩护二过一

说明：1、2 号为进攻队员；3 号为防守队员；

1 号运球至 3 号防守队员身前，此时 2 号接应队员跑向 1 号队员身后，二人形成交叉跑动，当1号发现2号队员已经跑到自己的一侧并且3号防守队员已经被自己的行动所吸引时，立即将球传给2号（图2－239～图2－242）。

图2－241

图2－239

图2－242

图2－240

二、防守战术介绍

在激烈的比赛中，对手总是想尽一切办法打乱防守，将球打进球门，那么我们该如何应对他们的进攻呢？我们该如何防守呢？下面我们就介绍防守技巧。

（一）防守原则

在由守转攻的瞬间，作为防守者要记住以下几点原则。

首先，延缓对方进攻。当进攻一

旦失败后，丢球的队员在近处就要马上对控球队员进行封堵防守，以延缓对方的进攻速度，为本队队员防守争取时间。

第二，对口平衡。在失球后，除了要延缓对方进攻外，其他队员应该立即退守，使防守人与进攻人在数量上要相等或占优势。

第三，收缩保护。每个队员要根据场上情况，找准自己在防守中的位置，同时也要紧盯自己要盯的进攻队员，此时要逐渐地收缩防守者之间的距离，以便相互保护，在做好稳固防守后找适当时机截获对方的球。

第四，紧盯控制。在进行防守中，每名队员要紧逼对手，不让对手轻易地传接球或者运球和射门，力争把控球权夺回来。

（二）防守类型

（1）人盯人防守，是一种除自由人外，每名运动员都有固定防守对象的一种防守形式。这种防守方式使每名进攻队员都处于紧逼防守的压力中，但是这种防守方式对防守队员的体力和单兵防守能力的要求比较高（图2-243）。

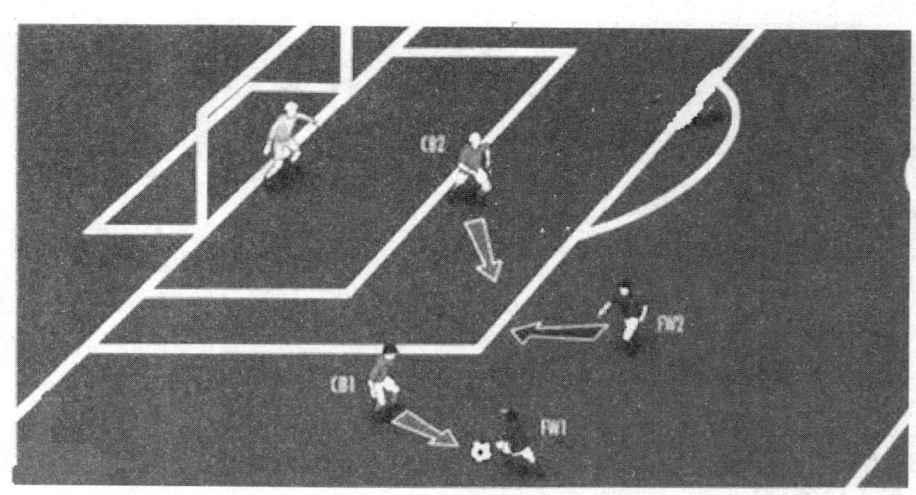

图2-243　人盯人防守

人盯人防守时应注意：首先，要有充沛的体力作为基础；其次，每个队员的防守技术要过硬；第三，同伴之间要相互协作补位以保证人盯人防守组织的严密。

（2）区域盯人防守，是指每名防守队员都有一定的防守区域，当进攻这进入这个区域时，负责这个区域的防守队员立即进行防守，限制进攻队员在该区域里的活动（图2－244）。

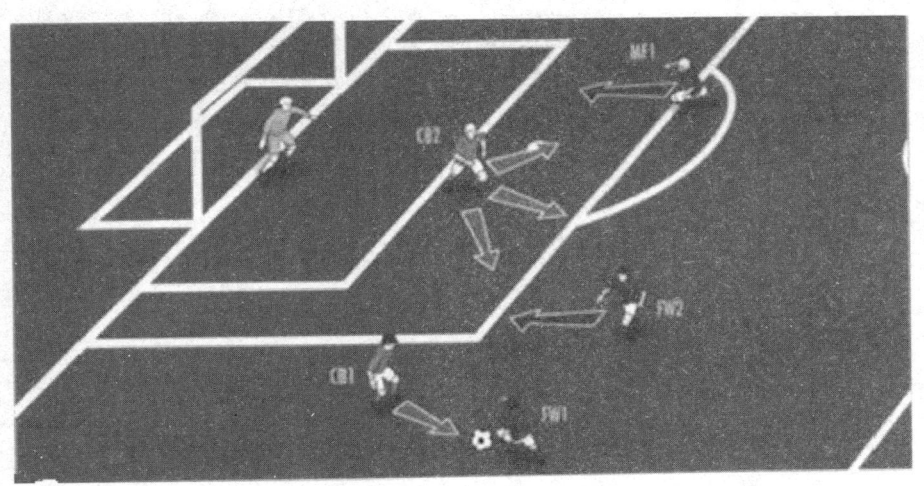

图2－244　区域盯人防守

在进行区域盯人防守时应注意：在防守时，队员之间的队形要保持完整，环环紧扣，不得脱节。在两个相邻防守区域之间的队员要有协作保护意识，一旦队员有漏人的情况要及时补位，以求得整体防守平衡。

（3）混合盯人防守，是指人盯人防守与区域盯人防守结合的一种防守形式。也就是根据对手情况，在某些区域实行人盯人防守，在某些区域做区域盯人防守，要充分发挥这两种防守形式的优点（图2－245）。

 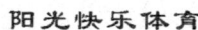

图 2-245　混合盯人防守

在进行混合盯人防守时应注意：重点盯防对方的进攻组织者和射手，最大限度限制他们的进攻。要明确哪些区域实行人盯人防守，哪些区域实行区域防守，防守要有重点，防守要张弛有度。

第三章　时尚足球运动的形式

足球运动的发展得益于人们对它的不断创新。足球运动开展到现在，已经出现了很多不同的运动形式，其中有些形式青春时尚，激情四射。这些时尚足球运动形式没有正式比赛的高要求，甚至不用统一的比赛服装，通过简单的比赛规则，就能让参与的人快速地体会到运动乐趣，达到运动效果。本章主要介绍沙滩足球、街头足球和室内5人制足球三种目前流行的足球运动形式。

第一节　沙滩足球

沙滩足球（beach soccer）作为一种时尚的休闲方式，越来越受到青少年的喜爱。沙滩足球的历史还很短暂，最初是人们为了躲避夏季的炎热来到海边，只是把它作为在海滩上消闲的一种娱乐活动，后来逐渐在其他具有沙滩环境的地方开展起来。目前，沙滩足球比赛一般在海滩、人工沙地和沙漠等环境下进行（图3-1~图3-3）。

图3-1　海滩足球

阳光快乐体育

项运动。

图3-2　人工沙地

图3-4　马拉多纳

图3-3　沙漠足球

图3-5　F1车王舒马赫

一、沙滩足球起源

20世纪20年代，沙滩足球诞生于足球王国巴西，在里约热内卢的海滩上第一次出现了沙滩足球比赛。其比赛形式是11人制足球比赛。巴西得天独厚的自然环境造就了沙滩足球的成长，蓝天、碧海、海滩，与足球浑然一体，没有传统足球正式，但不缺乏技术与激情，还能给足球爱好者带去多重享受。因为沙滩足球对运动能力的独特要求，许多职业足球运动员和其他项目职业运动员都很青睐这

当时沙滩足球运动在巴西发展非常迅速，沙滩经常人满为患，时常出现一些暴力场景。以至于当地市长试图禁止它，但是狂热的沙滩足球爱好者向市长递交了一份50000人签名的请愿书，使得市长最终改变了想法。20世纪五六十年代是沙滩足球的全盛时期，沙滩足球得到广泛认可。

20世纪90年代，为适应市场发

展的要求，在沙滩上开始推行5人制足球运动，就是现在的沙滩足球。1992年，国际职业沙滩足球联盟（BSWW）建立，总部设在西班牙的巴塞罗那，负责组织所有重大国际职业沙滩足球赛事。近年来，国际足联逐步认可了BSWW在推动和发展沙滩足球运动方面作出的贡献。而欧洲地中海国家，比如意大利、法国、西班牙、葡萄牙等也取得不错的成绩，在首届世界杯的比赛中，法国队获得冠军，巴西队是目前获得冠军最多的球队（图3-6）。在亚洲，日本和东南亚国家开展较早，中国也派队参加了近几届沙滩足球世界杯。

图3-6 巴西国家队

二、实用技战术

由于沙滩足球比赛场地的特殊性，其技术有其独有的特点。足球在柔软的沙地上运行尤其缓慢，中场距离的传球成功率较低，沙坑或沙堆通常也会改变传球的方向，因此沙滩足球比赛中的传球一般以短传为主。沙滩足球场地小，球门大，造成射门非常频繁。个人在运用技术时，一般以挑球、推拨球和胸部接球等为主要手段。

在沙滩足球足球比赛中，通常采用的技术动作有：挑传、头球摆渡、递传等。接球一般以胸部接球、大腿接球、脚内侧接空中球为主。在射门技术中，脚背正面射门技术、脚尖的挑射、脚尖的捅射以及头球射门技术运用较多，相对高难度的射门动作如凌空射门、鱼跃头球射门和倒钩射门技术也比较常见。在守门员技术中，由于射门次数多，守门员扑接球出击的能力要强，在比赛中守门员以手抛球重新开始比赛，守门员的直接助攻也是比赛的一个重要进攻方式。

图3-7

沙滩足球战术也很独特，因为在厚厚的沙上作战，中长距离的直线传球几乎是谈不上成功率的，一个沙坑或者沙堆足以让奔向球门的球失去方向。沙滩足球有句话叫"尽量让球飞起来"，就是为了控制球的运行轨迹，尽量采用空中传球、起中球或高球，这样一来，那些平时受惯约束的球员就可以放胆做动作，贝利式"空中平行传球"倒勾射门或解围，倒地滑铲，鱼跃扑球，只要能想到的姿势在沙滩足球比赛中都能见到，只要保护好眼睛，摔倒地也无所谓（图3－11，图3－12）。踢沙滩足球，传递一定要简单，不能总是让球停下来，球员要动起来，不断地传球。球在空中时，不能让球在你的前面落地，因为球的方向会改变。

图3－8

图3－9

图3－10

图3－11 倒地防守

图 3-12 鱼跃扑球

三、规则和注意事项

（一）规则

沙滩足球场地表面须由沙子构成，没有石头、贝壳和其他可能伤及队员的物体，对于国际比赛，沙子必须是细颗粒，不少于 40 厘米深，沙子必须经过筛选后才能用，沙子不能太细以致弄脏或粘在身上。沙滩足球比赛采用规格为 5 号的低弹性专用球，皮球的气压为 0.6～0.8 个大气压力。比赛场地长 35～37 米，宽 26～28 米，球门内侧高 2.2 米、宽 5.5 米（图 3-13）。

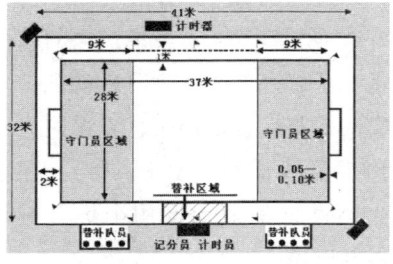

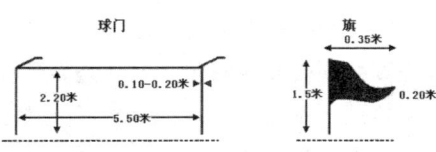

图 3-13 场地示意图

比赛时间为 36 分钟，分 3 节，每节 12 分钟，每两节之间休息 1 分钟。与 11 人制、5 人制足球赛相比，沙滩足球赛存在的差异包括：警告、黄牌、蓝牌和红牌 4 种处罚方式，任意球的踢法有 5 秒发球原则、2.5 米距离要求等限制。比赛只有胜负，没有平局；如果比赛战平，将进行3分钟的加时赛；如果在加时赛后比分仍相同，将进行点球决胜，直到一方胜出为止；每队由5名队员组成（4名队员+1名守门员）；替补队员位于替补席位，替补为机动进行；界外球掷入或踢入都允许；比赛节奏紧凑，连贯性强，富有观赏性。

（二）注意事项

沙滩足球最大的乐趣是就是它的环境，场边的观众一到休息时间准会跑去好奇地玩沙子。不过最讨厌的同样也是沙子，许多球员比赛后就把护踝之类的棉制品直接扔了，省得回去再洗出半盆沙子来（图3-14）。在比赛中对沙地的战术运用则更关键了，传球失误率增大的情况下如何适应控球和传球的节奏，是教练和队员需要共同研究的问题。尤其是表现在定位球、点球的时候，队员不厌其烦地对罚球区附近进行"装修"，先要堆一个小土堆并压实，这是用来安置球的，在球射出的前方必须把沙子抹平坦，以免影响球的飞行路线，最后还要将球后面的一片地方抹平，那是助跑的线路。

受沙子影响最大的是守门员，尤其在天气晴朗的时候沙滩上比较干燥，你来我往很容易扬尘，经常可以看到守门员和对方前锋争一个球，前锋奔跑的扬尘马上让守门员呼唤队医，不过那种治疗很简单，只须拿一瓶矿泉水往眼眶里一冲，马上痊愈。但要是对方前锋掌握这一战术，一场比赛让守门员洗上几十次眼睛，那也是很影响比赛进程的（图3-15）。

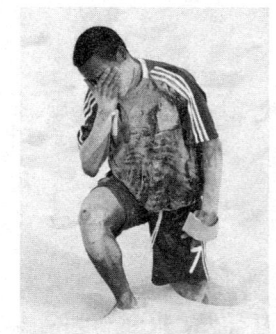

图3-14 沙子大战

图3-15 保卫守门员

第二节　室内5人制足球

一、起源

室内5人制足球（five-a-side-football）的发展经过几次比较大的改革，才有今天这样的规模。5人制足球的起源发展几乎与现代足球是同一时期。它是一些足球爱好者，在不能满足11人足球的条件下，缩小比赛人数与场地，用于娱乐的一种方式。所以一开始，5人制足球并没有考虑成为大型赛事，但是随着社会条件的改变，越来越多的足球爱好者接受了这种简单、激烈的模式。

室内足球起源于北欧斯堪的纳维亚半岛，20世纪70年代初，美国、加拿大兴起职业足球，并率先开始了室内足球联赛。1975年1月，北美职业足球联盟组织了首届全国室内足球比赛。1978年美国室内足球协会成立。1981年"室内足球国际联合会"宣告成立，总部设在澳大利亚。1988年4月颁布了正式的《室内5人制竞赛规则》。1998年10月，上海举办了中国第一次全国室内足球邀请赛，总共有上海、广东、大连3个省市派队伍参加。1995年中国足协举办了5人制室内足球世界杯预选赛，结果上海队获得了冠军，代表中国参加1996年的5人室内足球世界杯。

二、技战术特点

图3-16　人盯人紧逼

室内5人制足球的技术特点与传统足球类似。场地和人数的不同，直接导致进攻和防守方式的变化。室内5人制足球比赛的防守主要用人盯人战术和区域防守，防守队员与进攻队员距离较近，一般形成强干扰关系，防守队员力求给予进攻队员更大的压力，通过区域防守力求将进攻限制在一定的范围（图3-16）。

由于室内5人制足球比赛的人口密度较大,防守队员之间的距离更近,联系更为密切,在这种情况下,控球队员很难从容地控制球,无球队员也被处于"锁定"状态,使得进攻队员占有的时间非常短暂。尤其是在防守中路时"关闭中场"的训诫牢牢地刻印在运动员的脑海中,压缩空间成为室内5人制比赛中统一、坚决的行动。在这种状态下,传接球以其快速、及时、多变以及在接球队员的穿插跑位配合下进行,是撕开防守冻结的较好方法。

图3-17 局部围抢

室内5人制足球比赛的特点决定了防守战术是以防守队形作为局部防守战术和个人防守技术运用的依托,一对一抢截、断球等个人防守技术行为多数是在整体队形的保护之下完成的。因此,主要防守打法以整体密集协作防守为主,防守成为整体性的协调行动,个人和局部的行为都服从于整体。

在进攻结束或者失去控球权之后,队员不与对方做过多纠缠,各队都选择整体快速退回到本方半场,主动收缩防守区域,占据有利的防守位置,使防守队形密集在第二罚球点周围。对方进攻时,整个防守队形的重心靠向对方进攻的一侧,此时最接近球的队员向持球者紧逼,阻止其向前带球和传球,其身边的队友则进行保护,封堵可能的传球路线时,向队友靠近,形成近距离保护,持球队员动作稍微迟缓,保护队员立即上前形成围抢(图3-17)。一旦体能下降,对进攻一方防守松懈,进攻队员马上可获得起脚打门的机会。

三、规则简介

场地:5人制足球比赛场地为长方形,长度必须多于25米并且少于42米,宽度不得多于25米或少于15米。比赛得到场地,原则要求长度必须超过宽度。国际比赛场地面积应为:长38～42米,宽18～22米。场地应按平面图画清晰的线条,线宽不得超过8厘米。较长的两条界线叫边线,较短的叫球门线。场地中间画一条横穿球场的线叫中线，场地中央做一个明显的标记，并以此点为圆心，以3米为半径，画一个圆圈叫中圈（图3-18）。

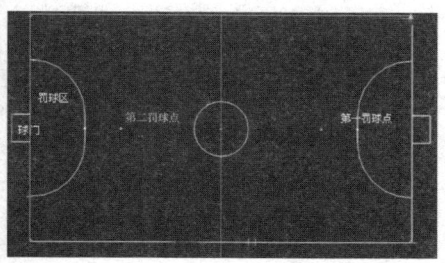

图3-18 5人制足球场地

（1）罚球区。以每根门柱内侧为圆心，以6米为半径各画一弧线，一端与球门线相连，另一端与一条长3.16米、平行于球门线的直线相连，这两条弧线和一条直线与球门线间的区域叫罚球区。

（2）罚球点。罚球点在两条球门线中点垂直向场内6米处各做一清晰的标记，即为罚球点的正确位置。

（3）替换区。替换区要设置在替补席各半场的边线上，应画两条与边线垂直的、长度为80厘米的线（场内40厘米，场外40厘米），并且在每半场距中线3米远。当队员在替换过程中进入或离开场地时，他们应在这两条长度为80厘米的线之间进行。

（4）球门。球门应设在两条球门线的中央，由两根内侧相距3米的直立门柱与一根下沿离地面2米的水平横木连接组成。横木的宽度及厚度均应为8厘米，门柱与横木的宽度相等。

（5）重要比赛规则：

①每队上场5人。上场5人须有1人守门。

②发球从球放在地上开始计时，必须在4秒内发出，如果越时则由对方发球。

③每场比赛上下半场各为20分钟，中场休息10分钟，规定比赛时间10分钟以后未到，视为该队弃权。

④5人制足球比赛，允许暂停。每队每半场可有一次1分钟的暂停，只有各队的教练员才有权向计时员提出暂停。

若本次比赛基本规则同于正规足球比赛，另做具体规则如下：

①点球：在场地正中主罚，双方其他队员全部退至场地另一侧，任何人不得干扰和补射。

②任意球：防守队员离球最近3米。

③角球：在球场角主罚，防守队员离球3米以上。

④边线球：用脚主罚，防守队员离球3米以上。

⑤比赛中尽量避免身体接触，严

禁铲球，违者黄牌或者罚下（可上一人顶替）。

⑥比赛期间，任何队员不得用手触球（除守门员），否则判任意球或点球。

⑦对于判为直接任意球的判罚需要计次，累积六次犯规，在第二点球点发点球。

⑧若40分钟内双方打平，进行加时赛，加时赛由两个相同的5分钟组成。以踢点球决定胜负。每队出3人，若仍打平，则再出3人，以此类推，直到决出胜负。主罚点球队员以场上队员优先（被罚下队员不得主罚）。

第三节　街头足球

一、街头足球历史

街头足球简称街球或者街足（street soccer）。根据街头足球的运动特点和场所以及刺激程度又被称为花式足球、城市足球、极限足球。它是一种人与球融为一体的足球运动，较大程度上有表演的成分。

街头足球最初诞生于南美洲，是贫民窟里穷人孩子的一种游戏。几个上不起学的孩子成天靠足球来消磨时间，但是时间的塑造使得这些人技术细腻，颇具特色。南美人的创造性得到最自然的传播，越来越多的人接受这一种运动模式。据说，球王贝利正是从街头足球开始最初的足球训练的。最初，贝利一家的生活很艰苦，一个正规的足球对于他们家庭来说是一个奢望。于是，贝利的父亲就用一些碎布做成了一个球状物送给贝利，而小贝利就是用这样一个礼物为自己打下了坚实的基础。同样，还有很多世界知名运动员都是从街头足球开始的（图3-19）。

图3-19　小罗耍球技

图 3-20　街头足球 3D

2002 年 4 月，为了在欧洲和全世界范围内推广健康教育、制止街头暴力的运动形式，由前德国国家足球队前锋克林斯曼创建并担任主席的"青年足球基金会"，联合 50 个国家参与建立了"世界街头足球"组织，并于 2003 年 7 月在奥地利的格拉茨举行了世界首届"流浪者足球世界杯"。街足讲求风格，是因为街足的玩法体现了足球的自由性和创意，不同的人有着不同的风格，从酷炫的装备到匪夷所思的动作，街头足球常常能直接冲击你的眼球。

街球小故事

"流浪者足球世界杯"比赛对于参赛选手的条件要求是很奇特的。参赛各队由 4 名队员上阵，不限男女，但年龄要求在 16 岁以上，必须有在街头流浪或送报纸的经历，或无正式工作，或无栖身之所，或正在接受戒毒、戒酒治疗。有意思的是，比赛是否成功举行的标志，是要看有多少参赛者在下一届比赛前失去参赛资格，找到合适的角色定位。到第二届世界杯举办时，根据比赛组织者之一的"世界街头足球"网站统计，第一届参赛运动员中已有 31 人找到了固定工作，12 人与足球俱乐部签了合同，49 人经过职业培训已改变了生活，有的已有固定居所，有的已彻底摆脱对毒品的依赖。

二、街头足球实用技巧

街头足球招式数不胜数，但基本分为以下几部分。

[Setup] 起球招式的统称，如侧夹脚拉起、脚腕压搓起等等。[Setdown] 坐在地上表演的招式的统称，基础为坐颠。[ATW] = Around The World，即简单的单脚绕球动作（图 3-21）。

[Cross over] 当你跳到空中，两只脚不落地的同时，将球从另一只腿的胯下穿过，回到空中，这时候两只腿是交叉的。

[TATW] = Touzani Around The World 人们第一次看到这个动作是图扎尼做的。这是一个 ATW + cross over

一气呵成的组合动作（图3-22）。

［Ground move］地面招式的统称。

图3-21　C罗的ATW

图3-22　图扎尼的TATW

第四章　足球运动快乐速成途径

→　　　　　　　传球、射门

-‐->　　　　　人无球跑动路线

〜〜→　　　　运球路线

○　　　　　　进攻队员

●　　　　　　防守队员

⊕　　　　　　球的位置

S　　　　　　教练员

第一节　基本技术的快乐练习

一、颠球练习

颠球是一个足球运动员的基本技能，也是最能提高球感的训练项目之一。在比赛中也是经常用到的，因此，无论在上课还是比赛的开始阶段，练习15~20分钟颠球，对于找回球感都是最佳的选择，前面已经介绍了一些基本技巧，现在我们设计了一些有趣味的练习方法来帮助同学们提高颠球技术：

（一）单人练习

（1）可以循环往复采用不同的颠球部位。

①脚—大腿—头部，

②脚—头部—大腿，

③左脚—右脚—内脚弓—外脚背。

保证球不落地是第一原则，然后按照自己预先的顺序完成动作。

（2）可以将球颠过头顶，然后转身接住，在体前做一次低球调整后再过头顶，转身接球，如此往复，可以按完成次数给自己打分。

（3）行进中颠球，一边用身体各部位将球颠起，一边完成事先设计的路线，可以用计时来确定成绩（图4-1）。

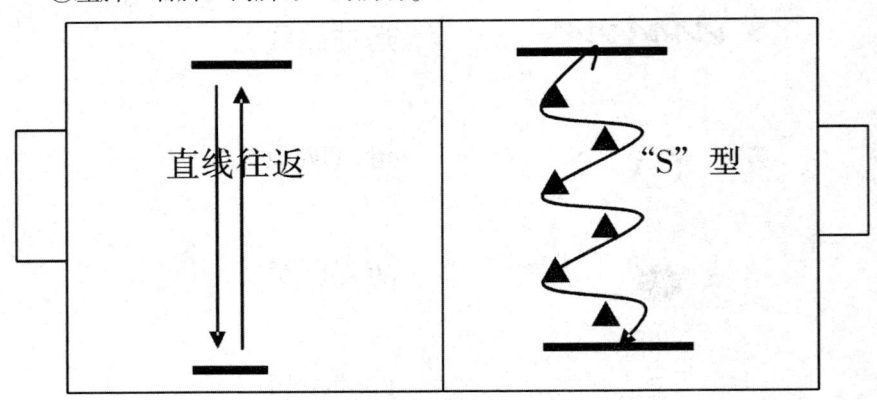

图4-1 多种路线颠球

（二）双人协作颠球

（1）对于颠球技术一般的同学可以两个人共同颠一个球。开始的时候可以每人各颠一次，来回交换。颠球熟悉后，可以左右脚各颠一次后传给对方，还可以结合头部。

（2）对于技术比较好的同学可以

和同伴各颠一球，同时将自己脚上的足球垫给对方。还可以在圆圈或者相互约定的区域内颠球接力，出范围者犯规。

（三）人多球少练习法

当颠球的时候有两个以上队员的时候，可以围成一个圆圈，用少于人数的球来顺时针或者逆时针颠球（例如：3个人用2球或者4个人用2个球）。

1. 跑动颠球

两人一组向前跑动颠球。在规定的时间里面分别用脚、大腿、头完成接力距离。

2. 分组颠球竞赛

首先是将学生分成人数相当的两组A和B，然后分别将各组人分成面对面站立的两边。两队开始比赛，由第一个人将球颠给对面的队友，然后队友传给他对面下方的队友（图4-2）。直到最后一个人完成颠球比赛结束。当球落地后应该让最后触球的人重新开始。

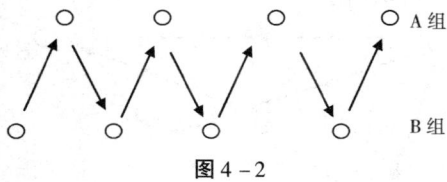

图4-2

注：B组与A组队形相同，如果人数很多可以多分几组。当技术有所提高以后可以要求不停球的多颠几个来回。

3. 颠球极限练习

当运动技术达到一定水平的时候，很有必要对他进行更高强度的刺激来激发他的潜能。为此，我们设计了一套极限训练方法。队友在测试人周围围成一个圈，每个人拿一个球，前后丢给被测试人，要求被测试人不管用什么部位一定要将球颠回给丢球的人，可以充分调动被测试人的跑动灵活性（图4-3）。

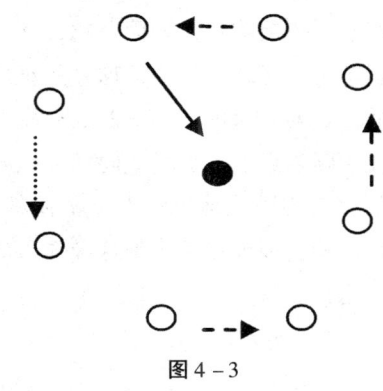

图4-3

注：给球的时候不要同一时间，还可以先大声提示后再给球。

4. 网式足球

可寻找一片排球场地大小的草地进行，但是地面必须平坦。比赛每边6人，中间设1.5米高的球网。由右下方队员发球，可以两次接力过网。然后两边展开对攻，球落地或者出界为失分。得分队伍发球（如图4-4）。

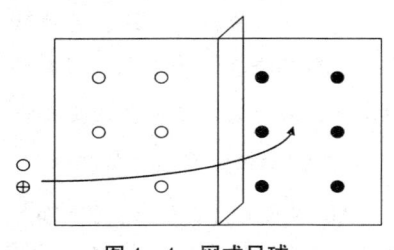

图4-4 网式足球

93

注：每队最多三次将球处理过网，发球顺序按顺时针转动。

二、传接球练习

传接球在足球比赛中是灵魂，静止状态下传接球是比较简单的，能否在运动中合理准确的传接球才是足球精髓。目前，西班牙和巴西的一脚短传在国际赛场上是极具威胁的，强有力的渗透能迅速地搅乱对方的防线。实践证明，多练习是达到这种效果的唯一途径。

（一）两人传接球

两人共用一个球，相距3米左右，跑动中将球向斜前方传出，传完球后向前方跑动（如图4-5）。

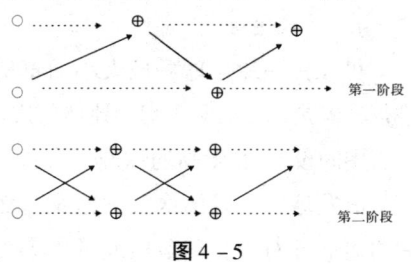

图4-5

注：第一阶段一个球，无球队员先跑。第二阶段拿两个球，同时将球传出去，第一次传球不要速度太快。

（二）两人做踢墙式传接球

AB两人组斜线对立，B站定，A将球传给B，B做撞墙反射。要求A接到反弹球后将球再传给B，最后跑回原点来下一轮（如图4-6）。

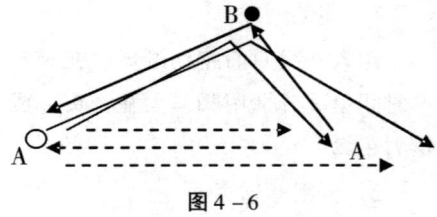

图4-6

注：B回击的角度和速度是控制训练的武器。

（三）两人测灵敏性

以队员B为圆心，B随意将球丢在圆圈范围以内，要求A在球未出圈前将球传回给A。两人可以交换练习（图4-7）。

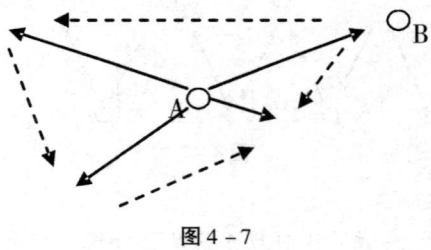

图4-7

注：要求被测试者精力十分集中，运动前必须热身。

（四）三人轮换传接球

学生A、B与C相对4米站立，A先将球传给C，然后跑到C后面，此时C将球传给站在最前排的B，然后跑到B后面，以此往复（图4-8）。

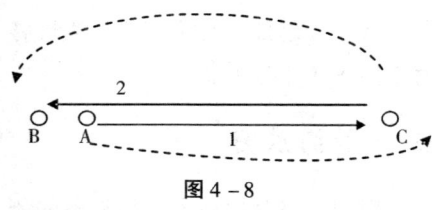

图 4-8

（五）三人接长传球

学生 A 将球传给 B，B 将球传给 A，然后 A 将球传给 C，此时，B 转身往 C 方向跑动接 C 的传球，C 然后传给 A，依次连续（图 4-9）。

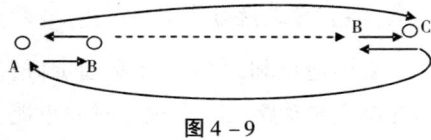

图 4-9

注：在运动的过程中，长传球可以结合地面球和过顶球。

（六）多人传接球练习

将学生分成人数均等的 ABC 三组，A 组先将球传给 B 组第一个，传完球的学生迅速跑到 B 组的末尾，B 组的第一个学生将球传给 C 组，C 组的学生传给 A 组，然后跑到 A 组的末尾（图 4-10）。

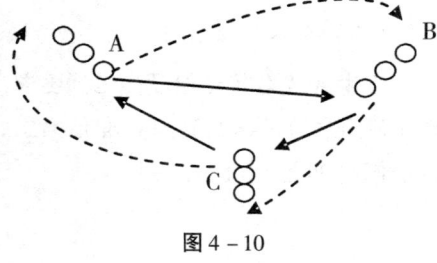

图 4-10

注：人数过多练习的次数就会减少，可以多分几组。

（七）多人"遛猴"游戏

学生均匀围成一个圆圈，选举一个同学站在中间扮"猴"，去抢站在四周同学的球，外面的同学必须用传球摆脱"猴"的纠缠，传球必须隔一个人。一旦球被"猴"触及，换失误的人扮猴（图 4-11）。

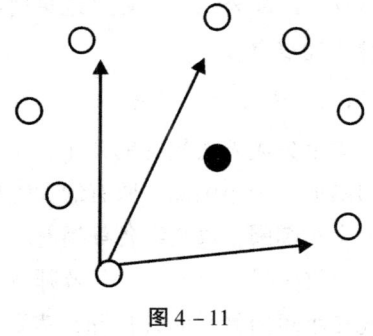

图 4-11

注：传球不能出界，责任可以公举。可以用除手以外的任何部位传球。提高练习方法：可以请两位同学扮猴。

（八）脚后跟传球练习

所有学生成三角形站立，A 组和 C 组各安排一个学生，A 组学生用脚背正面传球给 B 组，B 组学生用脚后跟传给 C 组学生然后跑到队尾，C 组学生正面传给 B 组学生，B 组学生传

给 A 组学生，连续进行（图 4-12）。

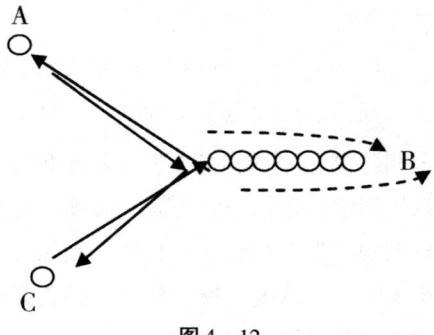

图 4-12

注：这样的练习还可以运用到头球传球过程中。

（九）极限传球竞赛

学生分成人数相等的几组，每个小组围成一个小圆圈，所有的大组围成一个大圆圈。每个组各都拥有一个球，球放在同一个方向，等教师发令后先在小组内做逆时针传球，然后在大圈里面做逆时针传球，当某组同时拥有 3 个足球时就算输（图 4-13）。

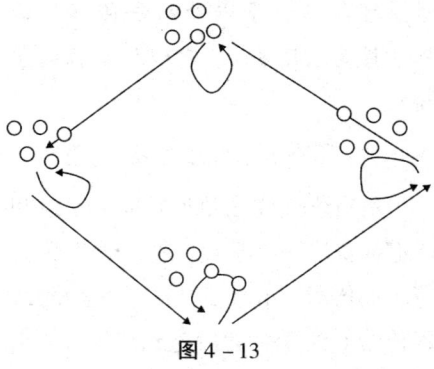

图 4-13

注：要想摆脱对手，就要尽快将自己脚下的球传出去。

三、射门练习

射门是每个运动员必须具备的能力，足球竞赛的过程中射门机会随时可能出现在每个人面前，抓住瞬间的机会就可能扭转整个比赛局面，每一个梦想成功的球员都必须加强射门练习。

（一）单人练习

射门地点和距离一定要选定好，事先确定跑动路线，看规定时间里能完成多少次有效射门（如图 4-14）。

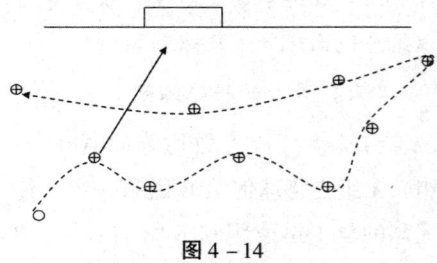

图 4-14

注：规定的时间内计算有效射门，还可以事先给每个点标分值。

（二）两人传接射门

学生 A 连续传球给学生 B，要求 B 在射门之后迅速回到原点准备第二次射门（如图 4-15）。

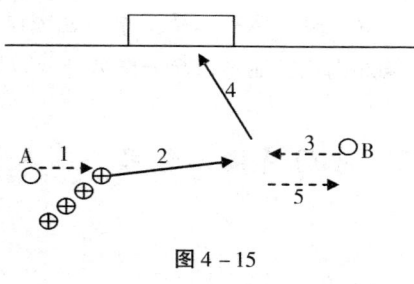

图 4 - 15

注：A、B 最先都在最外侧站立，步骤 2 和 3 几乎是同时进行。

（三）两人传切射门

两人相距 5 米站立，学生 A 先将球传给 B，A 然后顺着 AB 的延长线跑动，B 接到球后，脚后跟传给跑到自己身后的 A，A 起脚射门（如图 4 - 16）。

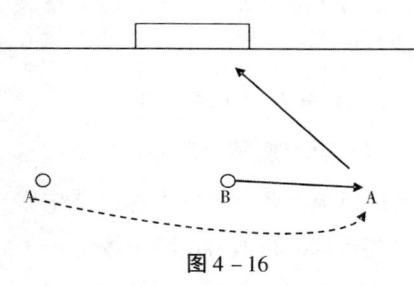

图 4 - 16

注：在 A 的两边起止点均可以放置球，锻炼捕捉机会的能力。

（四）两人（三人）传球射门（图 4 - 17，图 4 - 18）

两人用一个球，通过传球不断向前渗透，到达规定距离起脚射门。

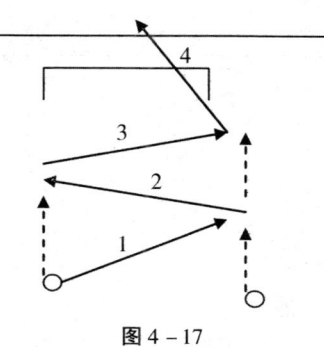

图 4 - 17

注：传球方向为斜上，传完后直插。

三人练习与两人练习要求一致。

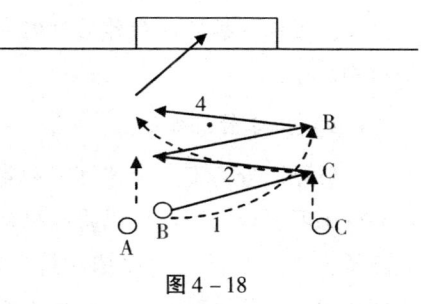

图 4 - 18

注：斜线传球，传球后成圆弧跑动。

（五）多人绕杆射门

所有的人成一列，每个人运一个球，根据横杆摆放的位置，从外侧绕过每一个杆后射门（图 4 - 19）。

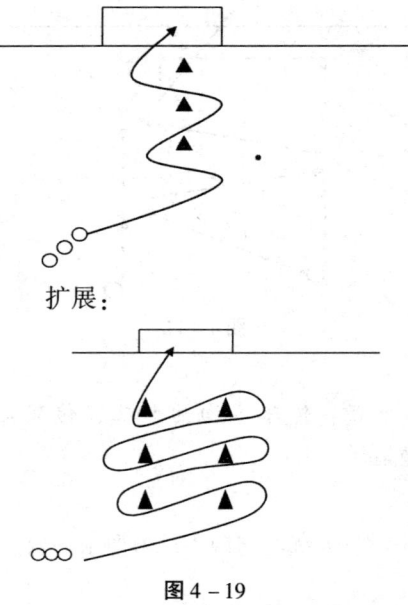

扩展：

图 4-19

注：可以根据完成动作的时间来给出相应分值。

（六）头球射门练习

一般可以分为定点头球练习和跑点头球练习，定点练习可以将球悬挂在高架台上，队员按顺序依次练习。跑动找点可以分成两组，一组负责跑动找点头球射门，动作完成后捡球排在另外一组队尾。该组负责将球抛到合适头球位置（图 4-20）。

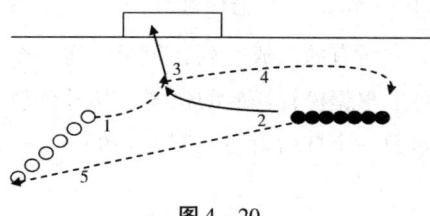

图 4-20

注：抛球队可以是用手，也可以用脚起高球，还可以拉开距离。

三、守门员快乐练习

（一）基本球性练习

（1）俯卧拍球练习要求练习者双手抱球，身体俯卧在地上，保持背弓姿势，用双手连续拍击球。

（2）坐立拍球转圈保持坐立姿势，单手连续拍球，上身保持直立，利用脚的蹬地力量，以臀部为圆心转圈。

（3）足球胯下运球左右脚前后张开，上身正对前方，双手在胯下连续运球。

（二）守门员专项练习

（1）仰卧救球身体仰卧，双脚自然弯曲着地，队友直立抛球，要求守门员利用脚的蹬地力量将球接住。

（2）转身触球将球吊在球门任意位置，守门员背对球门站立，听到教练员的哨声后转身跳，用手触及球即可（事先不要告诉守门员球的位置）。

（3）滚动接球守门员分别运用前滚翻、侧翻、后滚翻，接到队友抛过来的球。

（三）极限练习法

所有队友 30 米定位球射门，要求射门时间间隔 5 秒。也可以安排两个队友同时一高一低射门（图 4 - 21）。

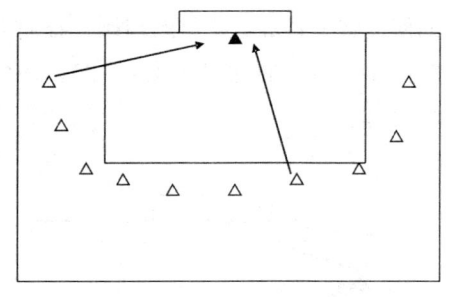

图 4 - 21

第二节　快乐进攻战术演练

战术是一个球队为赢得比赛而采取的一些人员和力量分配方式，战术的形式有很多种，除了进攻方面还有防守。运动场上有句话："赢不赢看防守，赢多少看进攻。"

（一）1 对 1 战术

通常 1 对 1 进攻或者防守的时候，我们可以从这几个方面来寻找优势、速度力量和球性。当你拥有速度力量优势的时候，你就可以强行突破，对方防守队员跟不上你的节奏，当你拥有良好球感的时候你就运用假动作来欺骗对手（图 4 - 22）。

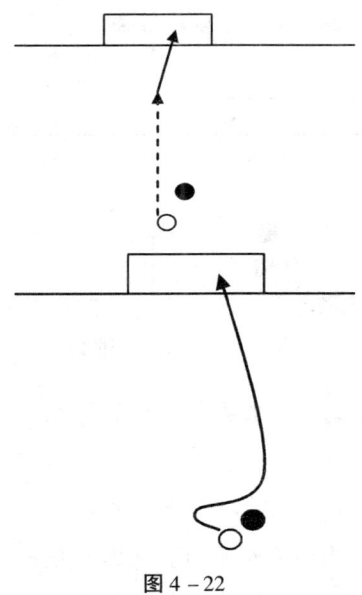

图 4 - 22

（二）2 过 1 战术

在狭小的空间内，两名进攻队员

如何突破一名防守队员的纠缠,我们来做几个简单的练习(图4-23,图4-24)。

演练几套战术(图4-25,图4-26)。

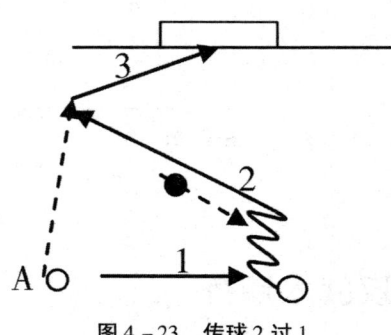

图4-23 传球2过1

注:A传完球后前插。

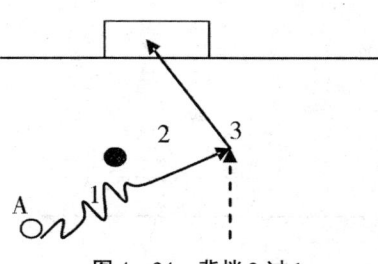

图4-24 背挡2过1

注:A主动去背靠防守者。

图4-25

注:C在接到B的传球之后要迅速传球,然后前插补射。

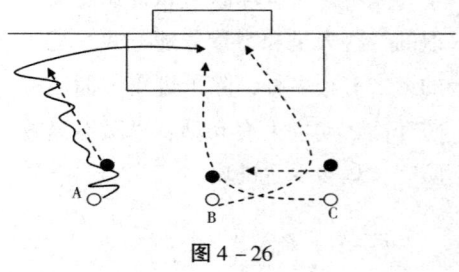

图4-26

注:A下底后传高球,在A下底的同时,C先给B做单挡,B沿C身后顺势下插抢点射门。

(三) 3人交叉跑动进攻

当面临对手疯狂人盯人的时候,合理有效的跑动就是撕开防线的有效武器,进攻不仅仅是往前,把对方的防守力量带离防守区域,为队友创造射门机会也是一门艺术。下面我们来

(四) 定位球进攻

足球比赛中的定位球常常是破门的机会,很多足球场上的灵魂人物都有一手定位球绝活,贝克汉姆的"贝式弧线"就常常是对手的噩梦,球能在空中绕过人墙钻入球网。他后来告

诉人们成功的关键就是光着脚丫练习。当然，还有通过配合来完成定位球破门（图4-27，图4-28）。

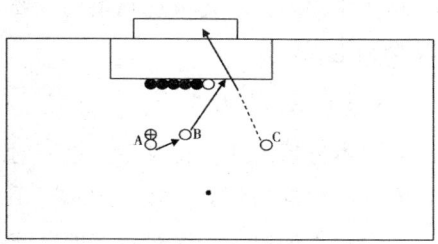

图4-27

注：一般离门较远，都需要倒脚之后传到有效距离后射门，AB传球一定要快，其次，安插的C必须是一个速度型前锋。

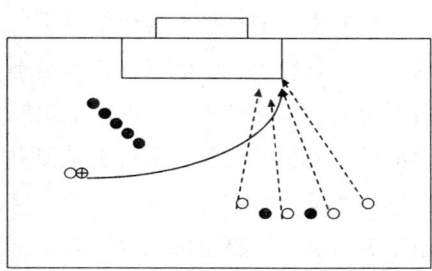

图4-28

注：罚出的定位球速度要快，集中优势力量抢点。

（五）角球进攻

角球一般有三种方案，第一种是直接破门，这个难度有点大。其次就是有高大队员抢点的时候就直接威胁

球门。第三种就是通过战术合作传进禁区（图4-29）。

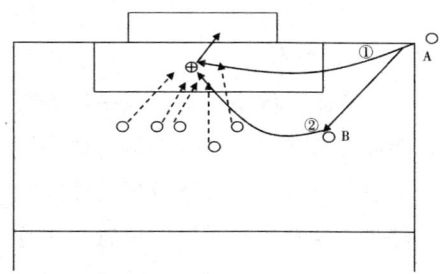

图4-29

注：方案①要求队员A将球起高，适合头顶。方案②要求A先将球传给B，B再看机会将球吊进球门区或者直接射门。

（六）多球门练习

比赛设三个球门，队员可以随便攻击除本方外的另外两个球门，另外两个队必须协同防守，其他进攻队伍必须在公共区开球后才能射门，球权轮换（图4-30）。

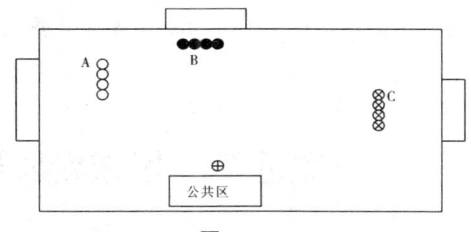

图4-30

第三节　对比赛的认识

（一）视野

比赛的过程中，不要只是埋着头奔跑或者带球，要随时保持对整个比赛场的视野控制。有球或者无球的时候都要去观看队友所处的位置。比赛的过程中，宽阔的视野能解决很多问题，进攻中能第一时间找到位置最好的队友，防守中能补防到对方猝不及防的前插队员。

（二）规则观念

合理有效地利用规则是赢得比赛的一大法宝，足球运动是一个以不伤害身体为前提的运动，任何过激的行为都将受到规则的惩罚，运动中主力球员经常会受到对方防守队员的野蛮防守。所以在比赛中要保持一个好的心态，不要因为一时冲动而被罚下。相反，在规则允许的范围内运用自己的身体来比赛也是允许的。总之，要踢球先学规则，不要被规则束缚，要学会利用规则。

（三）攻防快速观念

当本方后防线获得球后，第一时间有效地将球组织到前场，这对对手是一个很大的打击，这对对方的防守体力和心理承受能力也是一次挑战。反之，如果失球之后要立刻展开反抢，这样有可能在对方没有站稳前将球抢到，也可以延缓对方反击的速度。

（四）以多打少

比赛中，中路是不会留给对手机会的，一旦球到了中前场，夹击是不可避免的。足球进攻中，迅速组织较多的进攻人员在局部以多打少是很有效的。相反，防守过程中，对于参与进攻的队员一定要施加压力，对于拿球的队员要多人夹击，对于其他进攻队员要防止前插。

第四节　足球专项身体素质速成途径

足球运动队员的身体素质要求是很高的，一场足球比赛要耗费巨大的体力和精力。前锋和后卫不停的攻防转换，90分钟不停地奔跑和冲刺，只为那存在的一点点机会。为了更好地完成足球比赛，建议从速度、力量、耐力、协调性、柔韧性几个方面来提高身体素质，但是在日常的训练过程中很难严格的单独练习某一方面。所以，我们从运动项目的角度设计了一些针对青少年特点的身体练习方法。

（一）跑动训练

（1）原地脚尖跑或者小步跑来增强跟腱力量和频率，时间应该是30～45秒一组，间歇相等时间来下一组。同样的训练还可以运用在高抬腿跑和蹬墙跑中（身体用手斜撑在墙上）。

（2）短距离冲刺跑锻炼短距离加速能力，一般可安排10米×8组、30米×5组、50米×3组、100米×2组、200米×1组全速跑。

（3）听口令返身跑冲刺训练来加强反应速度能力，事先可以是原地提踵跑或者是高抬腿跑，在听到教师的哨声后转身20米冲刺跑。

（4）中长距离跑增强耐力素质能力，一般会安排400米×3组、800米×1组、1500米×1组、5000米、10000米跑等内容，也可以再野外或者公园内进行越野跑。还可以定时安排变速跑练习，匀速跑与加速跑相结合。注意：原则是第二天能恢复。

（5）灵敏与协调性综合跑，一般是要求迅速地破坏身体的重力，改变前进的方向，但是又需要瞬时的把速度加到最大（图4-31～图4-34）。

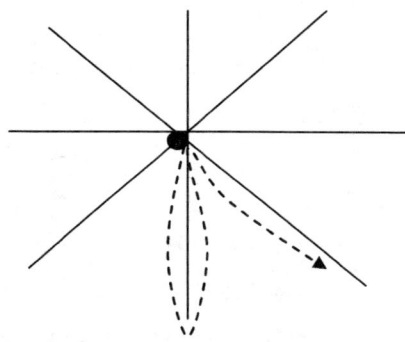

图4-31　经典"米"字跑

注：以黑点为起点，以最短的距离跑完黑点与顶点之间的距离，要求每个来回必须用手碰到地上的标记。

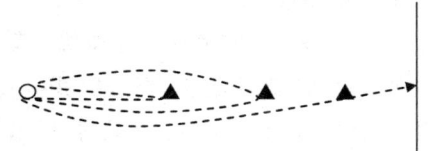

图4-32　长短折返跑

注：要速度快就必须能迅速地改变重心，可以试试摆动上肢。

扩展1：

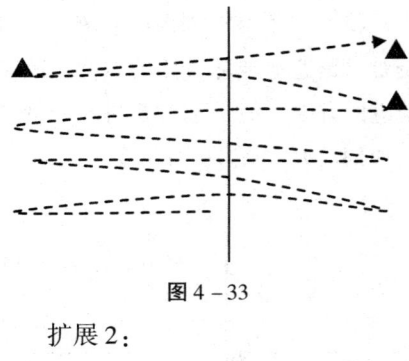

图 4-33

扩展 2：

图 4-34

(二) 弹跳练习

（1）单腿连续向前起跳发展小腿力量，要求在 30 米距离内不要换脚，来回分别用不同的脚起跳。

（2）单腿交换跳 30 米，要求另外一条腿不做摆动。也可以换成跨步跳，要求摆动腿做加速，摆至大腿水平后向前落地。

（3）双腿并拢做原地深蹲跳，要求跳起来腿要贴着胸部，30 秒 × 4 组，如果觉得轻松可以要求背着手臂。

（4）摸高跳，要求每一次都尽全力摸到最高的树叶，单脚和双脚起跳交换进行。也可以要求起跳后完成头球动作。

（5）连续起跳练习，要求能在最短的时间内使肌肉做功。我们可以做

如下练习（图 4-35）：

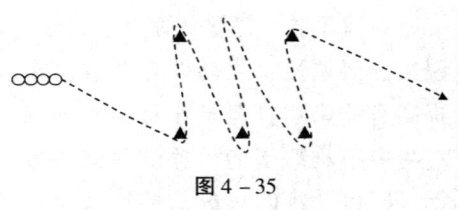

图 4-35

注：双脚起跳，中间不能调整，速度要快。

(三) 上肢力量练习锻炼

（1）手臂强有力的摆动能加快前进的速度，出色的上肢力量能增加与对手在身体对抗中的优势。一般不建议青少年运动员做大强度的器械训练，采用静力和轻器械锻炼为主。

（2）手臂力量锻炼方法很多，但是效果一般比较单一，所以每个锻炼不同肌肉的方法都必须尝试。上臂一般采用引体向上，俯卧撑（手指和手掌），牵拉橡皮筋。前臂锻炼一般采用哑铃锻炼。

方法 1：悬垂固定前臂（手能以腕关节为轴上下摆动），手心向上，右手持 1.5 千克哑铃，左手按住腕关节以上 5 厘米，以腕关节为轴上下摆动，左右手轮换练习。还可以将手心向下做摆动练习。

方法 2：橡皮筋对抗练习，找两根 1 米长左右的橡皮筋，用手握紧橡

皮筋的一端，另外一端系在脚弓上，手臂贴身自然下垂，调节长度感觉有点拉力，腕为轴前后交换摆动。

（3）腰腹肌锻炼能增加运动员的持空能力，能够比较好地完成空中动作，还能很好地保护自己的躯干部位。背后肌肉的锻炼也相当关键，人体重要的脊柱就靠背后的肌肉来守护，很多不合理的落地能使人造成终生残疾，因此，强大的腰腹背肌肉能力至关重要。

方法1：腰腹肌练习一般是采用仰卧起坐的办法，可以由一个人按住锻炼者的双脚，还可以在练习者腰腹上放一重物，要求起来的速度要快。悬垂举腿，双手拉住一个横杆将身体吊在空中，双腿伸直合并，以髋关节为轴将双腿摆动至水平。

方法2：仰卧起坐头顶球，要求锻炼者起来的同时另外一个队友将球丢到起头部位置，锻炼者将球顶回给队友。也可以按频率将球丢到固定位置。

方法3：背后肌肉力量锻炼通常采用挺胸两头起，要求俯卧在垫子上，一个人按住锻炼者的腰部，在挺胸的同时四肢同时向后摆。

（四）综合训练方案

方案1：热身—俯卧撑（30个）—仰卧起坐（30个）—50米冲刺跑—俯卧两头起（20个）—100米哑铃摆臂跑—800米加速跑—400匀速跑—放松

方案2：十公里越野跑—100米冲刺跑×2组—悬垂举腿（15个）—收腹跳40秒—原地摆臂60秒（哑铃）—单腿跳50米—蛙跳50米—400米放松跑

阳光快乐体育

第五章　足球综合知识

　　足球是一项伟大的运动，同时又是一个文明的载体，它表现的是人类可以传承的文化，是很多人智慧的共同结晶。直到今天，足球仍在随着时代的发展不断地进步。

　　在足球演进的过程中，有许多人为了足球而献出了自己的毕生精力。他们为了足球运动更好地发展，不断实验，不停创新，为今天的我们留下了宝贵财富。这些前辈得到了我们的尊重。

　　"我的出生就是为了足球，就像贝多芬出生为了音乐一样。"

——球王贝利

第一节　世界性足球重大赛事

一、世界杯足球赛（FIFA World Cup）

　　1896年雅典奥运会，足球就列为表演项目。决赛中丹麦队以9∶0大胜希腊队，成为第一个世界性足球冠军。当时奥运会不允许职业运动员参加，到1928年阿姆斯特丹奥运会时，足球比赛已经丧失了吸引力。

　　1904年5月21日，由比利时、法国、丹麦、西班牙、瑞典、荷兰和瑞士倡议建立的国际足联在法国巴黎成立。为了把观众拉回足球赛场，1928年奥运会结束后，国际足联在这一届奥运会的举办地——荷兰的阿姆斯特丹召开代表会议，一致通过决议：举办4年一次的世界足球锦标赛，运动员不区别职业与非职业。会议决定

1930年在乌拉圭举办第1届足球锦标赛。本届锦标赛没有预选赛，只有13支国家队报名参赛，两个南美国家乌拉圭和阿根廷携手进入决赛，最终乌拉圭国家足球队成为第一个世界足球锦标赛冠军（图5-1）。

有人建议将两个名字联起来，称为"世界足球锦标赛—雷米特杯"。后来，在赫尔辛基会议上决定更名为"世界足球锦标赛—雷米特杯"，简称"世界杯"。所以说，雷米特是名符其实的"世界杯之父"（图5-2）。

图5-2 1930年雷米特（左）为乌拉圭队颁奖

图5-1 1930年世界足球锦标赛冠军乌拉圭队队员及其阵容

1956年，国际足联在卢森堡召开的会议上，将世界足球锦标赛名称更改为"雷米特杯赛"，这是为表彰前国际足联主席法国人儒勒斯·雷米特（Jules Rimet）。雷米特担任国际足联主席33年（1921—1954），是世界足球锦标赛的发起者和组织者。后来，

世界杯赛的奖杯是是由巴黎著名首饰技师弗列尔铸造的（图5-3）。其雕像是希腊传说中的胜利女神尼凯，她身着古罗马束腰长袍，双臂伸直，手中捧一只大杯。雕像由纯金铸成，重1800克，高30厘米，立在大理石底座上。此杯为流动奖品，谁得了冠军，可把金杯保存4年，到下一届杯赛前交还给国际足联，以便发给新的世界冠军。此外有一个附加规定是：哪一个队三次获得世界冠军，这一个队将永远得到此杯。1970年，第9届世界杯赛时，乌拉圭、意大利、

巴西都已获得过两次冠军。因此都有永远占有此杯的机会，结果是巴西队捷足先得，占有了此杯（图5-4）。

1971年5月，国际足联举行新杯审议会，以决定发给下届冠军的新奖杯。经过对53种方案评议后，决定采用意大利人加扎尼亚的设计方案——两个力士双手高擎地球的设计方案。这个造型象征着体育的威力和规模。新杯定名为"大力神杯"（图5-5）。该杯高36厘米，重5公斤，当时价值2万美元。1974年第10届世界杯赛，西德队作为冠军第一次领取了新杯。这一次，国际足联规定新杯为流动奖品，不论哪个队获得多少冠军，也不能占有此杯了。

图5-3 金女神杯

图5-4 1970年巴西队队员高举奖杯

图5-5 大力神杯

图5-6 1930年乌拉圭世界杯会徽

图5-7 2006年德国世界杯会徽

世界杯冠军各国夺得情况（共18次）：

巴西5次	（1958　1962　1970　1994　2002）；
意大利4次	（1934　1938　1982　2006）；
德国3次	（1954　1974　1990）；
阿根廷2次	（1978　1986）；
乌拉圭2次	（1930　1950）；
法国1次	（1998）；
英格兰1次	（1968）；
西班牙1次	（2010）。

二、奥运会足球赛（Football at the Games）

奥运会足球赛是当今足坛的又一大盛事，现在已经逐渐恢复了它的强大影响力。据统计，2008年北京奥运会足球比赛时，主会场和分会场的现场观众超过200万人，成为历届奥运会足球观众人数之最（图5-8）。

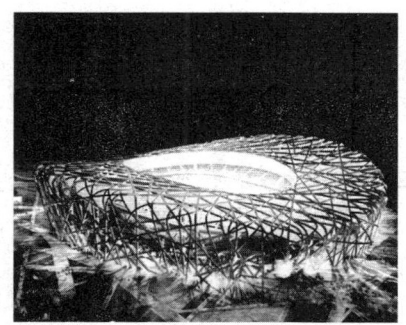

图5-8 2008北京奥运会足球决赛场地—鸟巢

阳光快乐体育

1896年第一届雅典奥运会，因为参加的队伍比较少，足球仅仅被列为表演项目。1912年第5届奥运会时，足球才成为正式的比赛项目。

奥运会足球赛分为预选赛和决赛。参加决赛的有16支队伍，名额的划分大致如下：亚洲4个，非洲3个，中北美洲2个，南美洲2个，大洋洲1个，欧洲4个。

奥运会足球赛与世界杯足球赛的主要区别是：世界杯足球赛允许职业球员参加，而且没有人数限制；奥运会足球赛原本是不允许参加世界杯赛的运动员参加奥运会，1974年又改成不允许职业运动员参加奥运会。因为众多的限制，奥运会足球赛逐渐失去了竞争能力，越来越多的运动员更愿意参加技术含量更高的世界杯赛。1984年，国际足联宣布，部分职业运动员可以参加奥运会足球赛，但是对参赛人数有限制，使奥运会足球赛更像是一个为了锻炼新人而举行的比赛。

三、欧洲杯足球赛（UEFA European Championship）

欧洲足球锦标赛，简称欧锦赛，又叫欧洲杯。是一项由欧洲足协成员国间参加的最高级别国家级足球赛事，1960年举行第1届，以后每4年举行一届。赛事创办时名称为欧洲联合杯（European Nations Cup），1968年改名为European Football Championship。

图5-9　2008年欧洲杯徽标

图5-10　德劳内杯

欧洲杯共分为决赛周和预选赛这两个阶段进行，除当届主办国可以自动进入决赛周外，其他欧洲足协成员国必须要参加预选赛，并在预选赛获得出线权才能进入决赛周。欧洲杯在创办之初决赛周只有4支球队，1980年增加到8支队伍，同时决赛周赛事也由原本只有淘汰赛，加入了分组赛阶段。在1996年欧洲杯决赛周增加至16支球队，并保持至今。

现时欧洲杯决赛周赛事由16支球队分为4组进行分组赛。每组各有4支球队,分别进行单循环积分赛制,每个小组积分第一和第二名球队可以出线到8强赛(又称为1/4决赛);8强赛通过单场淘汰制决出4强参加半决赛;半决赛也是通过单场淘汰制进行,胜方进入决赛争夺冠军。值得注意的是欧洲杯并不设季军,所以半决赛的负方无需进行季军争夺战。决赛仍然是以单场淘汰制进行,胜方为冠军。由于欧洲杯的规模及参赛球队的素质仅次于世界杯足球赛,因此,观众的喜爱程度很高(图5-11)。

赛(图5-12)。1955年,法国人加布里埃尔·亚诺敏锐地预感到可能出现一个崭新的赛事,提出了创立欧洲冠军杯的构想,让欧洲各国顶尖俱乐部汇聚一堂。最初只有10支队伍参加,比赛每年举行一届。欧洲足联规定,赢得5次冠军或者是连续赢得3届冠军的球队,都可以永远保留原始奖杯——圣伯莱德杯(俗称大耳朵杯),结果皇家马德里永远留住了第一座原始奖杯。现在的奖杯是第5座。

图5-11 2008年西班牙获得欧洲杯冠军

图5-12 欧冠赛标志

四、欧洲冠军联赛(UEFA CHAMPIONS LEAGUE)

欧洲冠军联赛又叫欧洲冠军杯赛,简称欧冠赛,是由欧洲各国顶级联赛的优胜者参加的一项传统足球比

图5-13 大耳朵杯

目前，欧洲冠军联赛分资格赛和正赛。共32支球队参加。每组4支队，分8个小组。小组赛实行主客场制，前两名出线。决出的16强通过淘汰赛陆续产生8强、4强和冠军。其中8强和4强的比赛也打主客两场，决赛在第三方场地进行。分配制度如下。

欧洲联赛强弱排名前三的国家可以有4支球队参加冠军联赛。其中冠军和亚军直接进入32强，第3名和第4名需要参加资格赛才能进入32强。

欧洲联赛强弱排名第4到6的国家有3个冠军联赛名额，其中冠军直接进入32强。其他参加资格赛。

欧洲联赛强弱排名第7到15的国家有两个冠军联赛的名额，冠军直接进入32强，亚军参加资格赛。其他国家的联赛都只有一个名额，并且需要参加资格赛才能进入32强。

也就是说欧洲联赛强弱排名前15的国家拥有32强的18个席位。其余14个席位通过资格赛产生。

欧冠是全世界最高水平的俱乐部赛事之一。冠军杯的决赛一般在每年的5月中旬举行。参赛队伍可获得包括电视转播权以及门票提成等多项收入，这是许多俱乐部解决经济问题的有效途径。西班牙的皇家马德里是至今为止获得冠军杯次数最多（9次）的球队。

图5-14　2009年欧冠赛冠军——西班牙巴塞罗那队

第二节　优秀足球联赛简介

一、意大利足球甲级联赛（Serie A）

意大利足球甲级联赛简称意甲（图5-15），始于1898年，至今已经发展了100多年，是意大利最高等级的职业足球联赛。目前有20支球队参加，有"小世界杯"之称。比赛制度为双循环制,每次联赛结束后的最后3名将被淘汰进入乙级联赛。国际米兰队是唯一一支从未降级的球队;尤文图斯队是历史上夺得最多联赛冠军的球队,其次为AC米兰队、国际米兰队。每夺得10个联赛冠军,球队就可以在队徽绣上一颗金星。因此尤文图斯队拥有2颗金星(图5-16),而国际米兰队及AC米兰队各有1颗。

图5-15 意甲联赛标志

图5-16 尤文图斯队徽

意甲的赛场充满激情,完善的联赛体制为每个球队的成功都提供了机会。当然,意甲联盟对违反规则的人和俱乐部处罚也是很严格的。2006年爆出"电话门"丑闻,联盟处罚了多家俱乐部,其中以尤文图斯降入乙级最为严重。拉齐奥队、佛罗伦萨队、AC米兰队虽留在意甲,但新赛季积分都被处以相应扣除。尤文图斯队在经过一年的反思与努力后才重返意甲赛场。

意大利足球注重防守,但近年来进球数有所增加。意甲每年的最后几轮排名争夺战和同城球队的德比大战都异常激烈(图5-17)。

图5-17 AC米兰与国际米兰队比赛场面

二、西班牙足球甲级联赛(Prime radivisión deLiga,简称LaLiga)

西班牙足球甲级联赛简称"西

甲",是西班牙最高等级的职业足球联赛,也是欧洲及世界最高水平的职业足球联赛之一(图5-18)。目前西甲有20支球队,联赛成绩最差的三队将会降级到乙级联赛,乙级联赛的前3名则晋升到甲级联赛。

图5-18　西甲标志

西甲在球员和球迷心中有相当大的号召力,目前有许多世界最著名的足球运动员在西甲联赛踢球。其中皇家马德里队和巴塞罗那队是世界上最著名的球队之一(图5-19,图5-20),他们之间的比赛被称为西班牙"国家德比",中文媒体中也称其为"世纪大战"。按国际足联和欧洲足联的官方积分,西甲已经多年位于积分榜的首位。在过去的这些年里,皇家马德里队总共获得过31次联赛冠军,巴塞罗那队获得过17次。

1902年,该比赛正式取名为西班牙锦标赛,它是一种友谊性质的比赛。但第1届西班牙甲级联赛实际上是在1929年举行的。西甲联赛的球风注重技术与进攻,具有很强的观赏性。

图5-19　皇家马德里队徽

图5-20　巴塞罗那队徽

三、英格兰足球超级联赛
（FA Premier League）

英格兰足球超级联赛通常简称英超（图5-21），是英格兰足总属下的职业足球联赛。由超级联盟负责具体运作。英格兰超级联赛始于1992年2月20日，其前身是英格兰甲级联赛，是英格兰联赛系统的最高等级联赛。国际足球历史和统计协会（IFFHS）发布2007年世界百强联赛排行榜单中，英超联赛以1171分的成绩超越西甲（1074分）和意甲（1027分），荣膺世界第一联赛称号。现时英超联赛已经成为世界上最受欢迎的体育赛事之一。

英国足球有着悠久的历史，历史上第一支足球俱乐部谢菲尔德俱乐部至今仍然活跃在英超的赛场上。第一场英超比赛是1992年8月15日举行的，由谢菲尔德队的 Brian Deane 射入英超第一球。英格兰超级联赛现有20支球队，成立至今以曼联战绩最佳（图5-22）。截至2008~2009赛季，英超只有4队曾经夺得冠军。曼联11次夺得冠军，阿森纳3次夺冠，切尔西2次夺冠，布莱克本1次夺冠。

图5-21　英超联赛标志

图5-22　曼联队徽

第六章　足球竞赛规则与裁判

第一节　足球运动常识

1. 场地面积

比赛场地应为长方形，其长度不得多于 120 米或少于 90 米，宽度不得多于 90 米或少于 45 米国际比赛的场地长度不得多于 110 米或少于 100 米，宽度不得多于 75 米或少于 64 米。在任何情况下，长度必须超过宽度（图 7-1）。

2. 场地图示

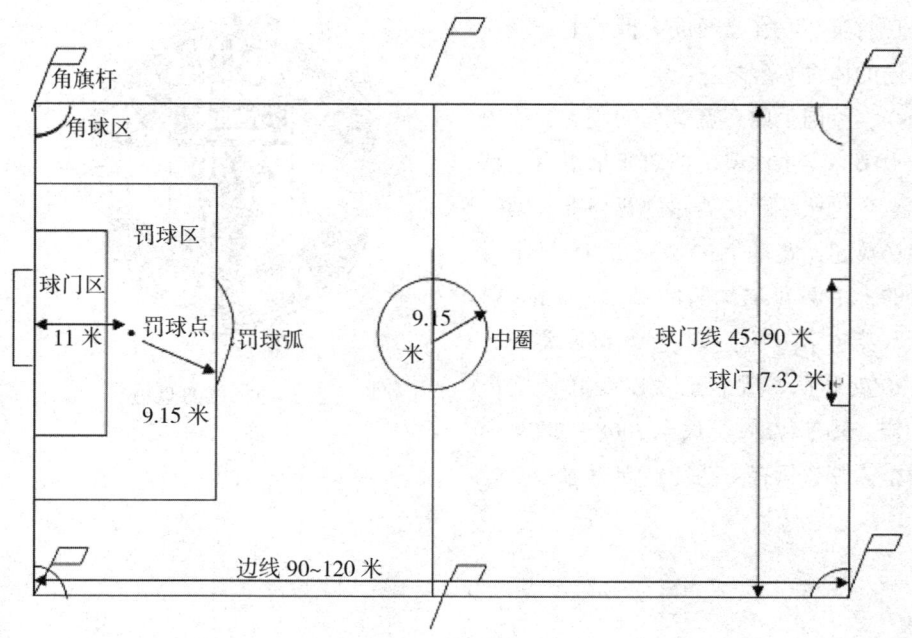

图 7-1　足球场地

3. 线

比赛场地应画出清晰的线条，线宽不得超过12厘米。较长的两条线叫边线，较短的叫球门线。场地中间画一条横穿球场的线，叫中线。场地中央应当做一个明显的标记，并以此点为圆心，以9.15米为半径，画一个圆圈叫中圈。场地每个角上应各竖一面不低于1.50米高的平顶旗杆，上系小旗一面；相似的旗和旗杆可以各竖一面在场地两侧正对中线的边线外至少1米处。

4. 球门区

在比赛场地两端距球门柱内侧5.50米处的球门线上，向场内各画一条长5.50米与球门线垂直的线，一端与球门线相接，另一端画一条连接线与球门线平行，这三条线与球门线范围内的地区叫球门区。

5. 罚球区

在比赛场地两端距球门柱内侧16.50米处的球门线上，向场内各画一条长16.50米与球门线垂直的线，一端与球门线相接，另一端画一条连接线与球门线平行，这三条线与球门线范围内的地区叫罚球区，在两球门线中点垂直向场内量11米处各做一个清晰的标记，叫罚球点。以罚球点为圆心，以9.15米为半径，在罚球区外画一段弧线，叫罚球弧。

6. 角球区

以边线和球门线交叉点为圆心，以1米为半径，向场内各画一段四分之一的圆弧，这个弧内地区叫角球区。

7. 球门

球门应设在球门线的中央，两柱子相距7.32米，为确保安全，无论是固定球门或可移动球门都必须稳定地固定在场地上。球网附加在球门后面的门柱及横木和地上。球网应适当撑起，使守门员有充分活动的空间。

8. 中圈

两条边线的中间连线叫中线，中线把足球场一分为二，以中线的中心为圆心画半径为9.15米的圆圈既是中圈，也是比赛开球的地方。

9. 球

球应为圆形，它的外壳应用皮革或其他许可的材料制成，在它的结构中不得使用可能伤害运动员的材料。球的圆周不得多于71厘米或少于68厘米。球的重量，在比赛开始时不得多于453克或少于396克。充气后其压力应相等于0.6~1.1个大气压力（海平面上），即等于600~1100克/厘米。在比赛中，未经裁判员许可，不得更换比赛用球。

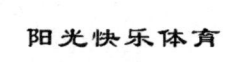

第二节　比赛规则

1. 队员人数

比赛每队上场队员人数不得超过11人，必须有一名守门员。在经裁判员同意后，在比赛暂停时，替补队员可替换队员。

2. 装备

上场队员必需的装备是运动上衣、短裤、护袜、护腿板和足球鞋。上场队员不得穿戴可能及其他运动员的任何物件。

3. 裁判员

每场比赛应委派一名裁判员执行裁判任务。在他进入比赛场地时，即开始行使规则赋予他的职权。在比赛暂停或比赛成死球时出现的犯规，裁判员均有判罚权。裁判员在比赛进行中，根据比赛实际情况，诸如比赛结果等所作的判决，应为最后判决。每场比赛还应委派两名巡边员，他们的职责应为示意球出界或成死球等。

4. 比赛时间

比赛时间应分为两个相等的半场，每半场45分钟。特殊情况双方同意另定除外，并按下列规定执行，在每半场中由于替补、处理伤员、延误时间及其他原因损失的时间均应补足，这段时间的多少由裁判员决定，在每半场时间终了时或全场比赛结束后，如执行罚球点球，则应延长时间至罚完为止。

5. 比赛开始

（1）比赛开始前，应用投币方式选定开球或场地，先挑的一方应有开球或场地的选择权。裁判员发出信号后，开球队的一名队员将球踢入（即踢动放在比赛场地中央的球）对方半场开始。在球被踢出前，每个队员都应在本方半场内，开球队的对方队员还应当保持距球不少于9.15米的距离；开球队员在球未经其他队员触或踢及球前不得再次触球。

（2）在进一球后，应由负方一名队员以同样方式，重新开球继续比赛。

（3）下半场开始时，两队应互换场地，并由上半场开球队的对方开球。

（4）开球不得直接射门得分。

罚则：任何违反本章规则的开球都应重开。如开球队员在球经其他队员触或踢及再次触球，则应由对方队员在犯规地点罚任意球。

6. 比赛进行及死球

下列情况成死球：

（1）当球不论在地面或空中全部越过球门线或边线时。

不出界：

图 7-2

图 7-3

图 7-4

图 7-5

出界：

图 7-6

（2）当比赛已被裁判员停止时。

下列情况比赛均应在进行中：

（1）球从球门柱、横木或角旗杆弹回场内。

（2）球从场上的裁判员或巡边员身上弹落于场内。

（3）场上队员犯规而裁判员并未判罚。

7. 计胜方法

（1）凡球的整体从门柱间及横木下越过球门线，而并非攻方队员用手掷入、带入，故意用手或臂推入球门（守门员在本方罚球区内除外），均为攻方胜一球。

（2）在比赛中，胜球较多的一队为得胜队，如双方均未胜球或胜球数目相等，则这场比赛应为"平局"。

越位：

（1）构成越位的条件：

a. 该队员在对方半场。

b. 该队员较球更接近于对方球门线。

c. 在该队员与对方球门线之间，对方队员不足两人。

在上述三条中缺少任何一项，则该队员均不处于越位位置。

（2）进攻队员比球更接近于对方球门线，即为处于越位位置。处于越位位置并不犯规。下列情况除外：

a. 该队员在本方半场内。

b. 至少有对方两名队员比该队员更接近于对方的球门线。

当队员踢或触及球的一瞬间，同队队员处于越位位置时，裁判员认为该队员有下列行为，则应判为越位犯规：

a. 在干扰比赛或干扰对方。

b. 企图从越位位置获得利益。

队员直接接得球门球、角球或界外掷球不算越位。

队员被判罚越位，裁判员应判由对方队员在越位地点踢间接任意球。如果该队员在对方球门区内越位，那么这个任意球可以在越位时所在球门区内任何地点执行。

注意：判断越位，是以同队队员将球传给他的一刹那，而不是他接球时。如队员处在非越位位置，同队队员向他传球或踢出任意球时，该队员在球飞行时跑到前方也不构成越位。

8. 犯规

队员故意违反下列九项中的任何一项者为犯规，即：

（1）踢或企图踢对方队员（图7－7）。

图7－7

（2）绊摔对方队员，即在对方身后或身前，伸腿或屈体绊摔或企图绊摔对方（图7-8）。

图7-8

（3）跳向对方队员（图7-9）。

图7-10

（5）除对方正在阻挡外，从背后冲撞对方队员（图7-11）。

图7-9

图7-11

（4）猛烈地或带有危险性地冲撞对方队员（图7-10）。

（6）打或企图打对方队员，向对方吐唾沫（图7-12）。

(9) 用手触球。例如：用手或臂部携带、推击球（守门员在本方罚球区内除外）（图 7 – 15）。

图 7 – 12

(7) 拉扯对方队员（图 7 – 13）。

图 7 – 15

图 7 – 13

(8) 推对方队员（图 7 – 14）。

以上情况都应判由对方在犯规地点踢直接任意球。如犯规地点在对方球门区内，该任意球可以在球门区内任何地点执行。

如果守方队员在本方罚球区内故意违反上述九项中任何一项者，应判罚球点球。

9. 任意球

任意球分两种：直接任意球（这个球可以直接射入犯规队球门得分）及间接任意球（踢球队员不得直接射门得分，球在进入球门以前必须被其

图 7 – 14

他队员踢或触及）。

队员在本方罚球区内踢直接或间接任意球时，在球被踢出罚球区前，所有对方队员都应站在该罚球区外，并至少距球9.15米。如球未被直接踢出罚球区，则应令其重踢。

队员在本方罚球区外踢直接或间接任意球时，所有对方队员在球被踢出前应至少距球9.15米，除非他们已站在自己的球门线上，当球滚动至球的圆周距离时，比赛即为恢复。

如果对方队员在任意球踢出前，进入罚球区或距球少于9.15米，裁判员应令其退到规定的位置后，方可执行罚球。

踢任意球时，须将球放定。踢任意球的队员将球踢出后，在球经其他队员踢或触及前，不得再次触球。

本规则的其他条款对踢任意球的地点已作出规定：

（1）守方在本方球门区内踢任意球时，可以在球门区内的任何地点执行。

（2）凡攻方在对方球门区内踢间接任意球时，应在距犯规地点最近的、与球门线平行的球门区线上执行。

罚则：

如踢任意球的队员在球被踢出后，经其他队员踢或触及前再次触球，则应判由对方队员在犯规地点踢间接任意球。如队员在对方球门区内犯规，则这个任意球可以在球门区内的任意地点执行。

10. 罚球点球

罚球点球应从罚球点上踢出，必须明确主罚队员。踢球时除主罚队员和对方守门员外，其他队员均应在该罚球区外及比赛场内，并至少距罚球点9.15米处。对方守门员在球被踢出前，必须站在两门柱间的球门线上（两脚不得移动）。主罚队员必须将球向前踢出，在其他队员踢或触及前不得再次触球。

罚球点球可直接射门得分。当比赛进行中执行罚点球，以及在上半场和全场比赛终了而延长时间执行或重踢罚球点球时，如踢出的球触及任何一个门柱或两个门柱、或触及横木、或触及守门员、或连续触及门柱、横木或守门员而进入球门，只要没有犯规现象发生，均应判为胜一球。

对违反本章任何规定者，应作如下处理：

（1）如守方队员犯规，则球未罚中应重罚。

（2）如踢罚球点球队员以外的攻方队员犯规，则球罚中无效，应重罚。

11. 掷界外球

当球的整体不论在地面或空中越出边线时,应由出界前最后触球队员的对方队员,在球出界处掷向场内任何方向。掷球时,掷球队员必须面向球场,两脚均应有一部分站立在边线上或边线外,不得全部离地,用双手将球从头后经头顶掷入场内。球一进场比赛立即恢复。掷球队员在球被其他队员踢或触及前,不得再次触球。掷界外球不得直接掷入球门得分。

罚则:

(1) 如球不按规定的方法掷入场内,应由对方队员在原处掷界外球。

(2) 如掷球队员掷球入场后在球被其他队员踢或触及前再次触球时,应由对方队员在犯规发生地点踢间接任意球。如队员在对方球门区内犯规或在本方球门区内犯规,

12. 球门球

当球的整体不论在空中或地面从球门外越出球门线,而最后踢或触球者为攻方队员时,由守方队员在球门区内任何地点直接踢出罚球区恢复比赛。如球未被直接踢出罚球区,即未进入比赛,应令重踢。踢球门球的队员在球被其他队员踢或触及前,不得再次触球。踢球门球不得直接射门得分。踢球门球时,对方队员在球被踢出罚球区前都应站在罚球区外。

13. 角球

当守方队员将球的整体从空中或地面越出球门线时,由攻方队员将球放在离球出界处较近的角球区内踢角球。踢角球时,不得移动角旗杆。角球可直接得分。踢角球队员在球被其他队员踢或触及前,不得再次触球。

图 7-16

罚则:

(1) 踢角球的队员,在球被其他队员踢或触及前再次触球时,裁判员应判由对方队员在犯规发生地点踢间接任意球。

(2) 如有任何其他犯规,角球均应重踢。

第三节　裁判员哨音及手势

比赛进行中必须鸣哨的几种情况如下：

（1）比赛开始（包括某队胜一球后重新开始比赛）。一声哨，哨声稍长。

（2）比赛时间终了（包括上半时或全场比赛时间终了）。二至三声短促哨，接一声长哨。

（3）判某队胜一球。一声长哨。

（4）执行罚球点球。一声哨，哨声稍长。

（5）场上发生犯规或其他情况，裁判员暂停比赛时，应及时鸣哨。

鸣哨的方法与要求：

哨声是裁判员使用的主要信号，必须准确及时，清脆果断。哨声虽不能代替复杂的语言但在很大程度上足以表达出裁判员在对待判决时是否坚毅果断，信心十足。一般地说，对裁判员哨声的要求，是在判罚及时准确的基础上，鸣哨清脆有力，强弱适度。如比赛开始、比赛时间终了或判某队胜一球的哨声应稍长，但也应适度，过长就会使人感到多余而讨厌。又如，判罚犯规的哨声，就应根据犯规的轻重程度有所区别。如是一般犯规，只须长短适中，清脆有力的一声哨即可；如出现粗野、严重的犯规，就以突发性的有力强音，显示出规则不容触犯的威严，虽未使用语言，却要向犯规队员表达"你的犯规够严重的"这样一种示意，哨声本身就要对犯规队员起到告诫作用。减少不必要的哨声，是裁判员在场上必须重视的一项艺术。要提高哨声的"威严感"，裁判员应首先自我"净化噪音"。有的裁判员在吹判犯规时，习惯于在鸣一声长哨之后连续不断地加以琐碎哨声，有时为了纠正踢定位球地点上一丁点差误，也是琐碎哨声连绵不断，而且吹得震天响，这种多余的哨声，只会破坏比赛气氛，是极不可取的。

裁判员执哨的方法有两种：

一种是套在颈上，跑动时含在口中。这种方法的特点是响哨快，从决定鸣哨到发出哨声不需任何准备过程。但缺点是裁判员对激烈比赛过于敏感而猝然响哨，对某些微不足道的犯规，运用有利条款不予判罚的，但由于哨声已响，无法挽回。另一缺点是将哨含在口中，奔跑时甚感不便，对急促的呼吸也有一定影响。

另一种是吊在腕上，跑动时拿在手中。这种方法的特点是奔跑方便，对跑动中急促的呼吸无影响。当裁判员看到犯规情况至含哨鸣响之前，对是否判罚或运用有利条款，有一瞬间的思考和再观察过程，不致发生一有情况就猝然响哨的缺点。

以上两种只是执哨方法，各级足联、足协并无统一规定和要求，但经长期实践证明，上述第二种方法具有较为明显的优越性，已为国际、国内裁判员普遍采用（图7-17）。

清晰的感觉。这些手势的运用，旨在使比赛顺利进行。手势的作用主要在于示意下一步比赛应如何进行。因此，对运动员的犯规动作，裁判员一般没有模仿的必要。

经国际足联审定的裁判员的统一手势如下：

(1) 直接任意球：单臂侧平举，明确批示踢球方向（图7-18，图7-19）。

图7-18

图7-17

图7-19

裁判员的手势：

足球裁判员所用的手势应力求简单、明了、示意确切，给人以直接、

（2）间接任意球：单臂上举，掌心向前。此手势应持续到球踢出后，并被场上其他队员触及或成死球时为止（图7－20）。

图7－22

图7－23

图7－20

（3）球门球：单臂向前斜下举，指向执行球门球的球门区（图7－21）。

（5）罚球点球：单臂向前斜下举，明确指向执行罚球点球的罚球点（图7－24）。

图7－21

（4）角球：单臂斜上举，指向执行角球的角球区（图7－22，图7－23）。

图7－24

(6) 示意继续比赛：队员犯规后，裁判员运用有利条款而不判罚时，应给以继续比赛的手势：双臂前举，手臂向前稍作连续挥动（图7-25，图7-26）。

(7) 进行警告和罚令队员出场：对队员警告或罚令出场时，分别出示黄、红牌。使用黄、红牌时，应一手持牌直臂上举，面向被处分队员，有短暂时间的停顿，使场内外均能看清是对哪名队员进行处分（图7-27，图7-28）。

图7-25

图7-27

图7-26

图7-28

三、助理裁判员的旗示

根据规则，助理裁判员无权直接令比赛停止，无权对运动员进行判处，他的旗示只是按规定的信号向裁判员提供情况，至于是否判罚，应由裁判员决定。因此，助理裁判员虽举旗对裁判员示意，也不意味着比赛必然停止，如裁判员对助理裁判员的旗示做应答时，助理裁判员应适时收回旗示。

助理裁判员的旗示应便于裁判员的观察，因此，助理裁判员在沿边线往返跑动时，应习惯于灵活地换手持旗，使持旗的一臂朝向场内。无旗示时，旗应自然下垂，跑动时，持旗的一臂不应大幅度的摆动，以免造成裁判员的错觉。

经国际足联审定的统一旗示如下：

（一）越位

助理裁判员如发现队员越位并已构成应判罚条件时，应站在与越位队员平行的边线外，及时将旗上举，向裁判员示意。当裁判员见到旗示鸣哨令比赛暂停后，若是助理裁判员远端的队员越位，助理裁判员应面对场内，将旗向前斜上举。若是中间队员越位，助理裁判员应面对场内，将旗前平举。若是助理裁判员近端的队员越位，助理裁判员应面对场内，将旗向前斜下举（图7-29~图7-32）。

图7-29

图7-30

（二）界外球

助理裁判员应将旗侧斜上举，批示掷界外球方向（图 7 – 33，图 7 – 34）。

图 7 – 31

图 7 – 33

图 7 – 32

图 7 – 34

（三）球门球

助理裁判员应面向场内，将旗前平举，指向执行球门球的球门区（图 7 – 35）。

图 7-35

（四）角球

助理裁判员应将旗斜下举指向近端的角球区（图 7-36）。

图 7-36

（五）替换队员

助理裁判员发现某队请示替换队员，应待比赛成死球时用双手将旗横举过头，向裁判员提示某队请示换人（图 7-37）。

图 7-37

除了上述五种旗示外经裁判员委托，助理裁判员亦可以旗示向裁判员提供协助，例如：

（1）如助理裁判员发现在自己附近范围内队员有犯规行为，而裁判员未察觉到时，助理裁判员可将旗上举并加摇晃动作。当裁判员见到旗示并令比赛暂停后，助理裁判员应将旗侧斜上举，指示踢任意球方向（图 7-

38~图7-41)。

图7-38

图7-40

图7-39

图7-41

（2）如助理裁判员发现在自己附近的掷界外球或踢角球、球门球等有不符合规则情况时，应将旗上举并加摇晃动作，提示裁判员予以纠正或另作判处（图7-42）。

图7-42

附 录

专业词汇中英文对照表

足球场

midfield　中场

backfield　后场

kick off circle/center circle　中圈

halfwayline　中线

touchline/sideline　边线

goal line　球门线

endline　底线

penaltymark　（点球）罚球点

penaltyarea　禁区（罚球区）

goalarea　小禁区（球门区）

与球队相关的称谓

coach　教练

skipper　领队

head coach　主教练

football player　足球运动员

referee　裁判

line man　巡边员

captain/leader　队长

forward/striker　前锋

midfielder　前卫

left midfielder　左前卫

right midfielder　右前卫

attacking midfielder　攻击型前卫（前腰）

defending midfielder　防守型前卫（后腰）

center forward　中锋

full back　后卫

center back　中后卫

left back　左后卫

right back　右后卫

sweeper　清道夫，拖后中卫

goal keeper/goalie　守门员

cheerteam   拉拉队
key player/pointman   核心队员
Man of Match   最佳球员（一场比赛后选出）

足球技战术

kick – off   开球
bicycle kick/overhead kick   倒钩球
chest – highball   半高球
corner ball/corner   角球
goal kick   球门球
hand ball   手球
header   头球
penalty kick   点球
place kick   定位球
own goal   乌龙球
hat – trick   帽子戏法
free kick   任意球
direct free kick   直接任意球
indirect free kick   间接任意球
stopping   停球
chesting   胸部停球
pass   传球
short pass   短传
long pass   长传
cross pass   横传
spot pass   球传到位
consecutive passes   连续传球
takea pass   接球
slide tackle   铲球
late tackle   铲球过迟
rolling pass/ground pass   地滚球
flying header   跳起顶球
clearance kick   解围
shoot   射门
close – range shot   近射
long shot   远射
off side   越位
throw – in   掷界外球
block tackle   正面抢截
body check   阻挡
fair charge   合理冲撞
diving header   鱼跃顶球
dribbling   盘球，带球
offside   越位
deceptive movement   假动作
break through   突破
kick – out   踢出界
total football   全攻全守足球战术
control the midfield   控制中场
seta wall   筑人墙

close – marking defence　盯人防守

off – sidetrap　越位战术

time wasting tactics　拖延战术

4 – 3 – 3 formation　433 阵型

4 – 4 – 2 formation　442 阵型

beat the offside trap　反越位成功

foul　犯规

technical foul　技术犯规

break loose　摆脱

dangerous play　危险动作

foot over　抬腿过高

hand ball; hands; handling　手球犯规

hacking; stamping　磕踏犯规；踢人

tripping　绊人犯规

tackle from behind　背后铲球

fakeafall/aninjury; simulation　假摔

violent conduct　粗暴行动

比赛方式

half – timeinterval　中场休息

round robin　循环赛

group roun drobin　小组循环赛

extratime　加时赛

elimination match　淘汰赛

injury time　伤停补时

golden goal/sudden death　金球制，突然死亡法

eighth – final　八分之一决赛

quarter final　四分之一决赛

semi – final　半决赛

final match　决赛

preliminary match　预赛

one – sidedgame　一边倒的比赛

competition regulations　比赛条例

disqualification　取消比赛资格

match ban　禁赛命令

doping test　药检

draw/sortition　抽签

senda player off　判罚出场

red card　红牌

yellow card　黄牌

goal　球门，进球数

draw　平局

goal drought　进球荒

ranking　排名（名次）

first half　上半时/场

second half　下半时/场

其他

football; soccer; associationfootball; socker; footy　足球运动

World Cup（SoccerTournament）; FIFA World Cup　世界杯足球锦标赛

World Cup Finals　世界杯决赛

Women's World Cup　世界女子足球锦标赛

five-a-side; futsal　5人足球

referee/man in the middle　裁判员

assistant referee　助理裁判

the Fourth Official　第四官员

参考文献

［1］全国体育院校教材委员会. 现代足球. 北京：人民体育出版社. 2000.

［2］中国足球协会审定. 足球竞赛规则 2005. 北京：人民体育出版社. 2005.

［3］体育游戏教材编写组. 体育游戏. 北京：高等教育出版社. 1996.

［4］乌斯本. 足球学校. 防守的技巧. 张廷安，译. 北京：人民体育出版社. 1999.

［5］李吉慧，侯会生，兰保森. 现代足球训练理论与实践. 北京：人民体育出版社. 2008.

［6］王民享. 五人制足球技战术指南. 北京：北京体育大学出版社. 2004.

［7］马冰. 足球实战技巧技战术图解. 北京：北京体育大学出版社. 2004.

［8］曾雪麟，等. 足球基础与技战术必备宝典. 成都：时代出版社. 2008.

［9］王国坤. 足球. 长春：吉林科学技术出版社. 2008.

［10］杨一民，等. 足球战术与技巧. 北京：人民体育出版社. 1996.

［11］中国运动训练学专业委员会. 中国运动训练理论与实践研究. 北京：高等教育出版社. 1996.

［12］方旭东. 世界著名足球队. 北京：中国社会出版社. 2008.

［13］田麦久. 运动训练学. 北京：人民体育出版社. 2000.

［14］贺新奇. 我国足球后备人才培养体制研究［D］. 北京：北京体育大学. 2009.

［15］王锋. 足球运动员竞技能力系统研究［D］. 北京：北京体育大学. 2007.

［16］袁伟民. 我的执教之道. 北京：人民体育出版社. 1988.